作者简介

张忠堂　男，教授，博士，山西省语言学会理事，山西省科技厅专家，大同市政协委员，现任山西大同大学文学院副院长。发表学术论文30余篇，出版著作2部；主持教育部人文社科规划项目1项，主持山西省高等学校人文社会科学研究基地项目1项，参与中华人民共和国"十二五"时期重大出版项目1项；获得全国微课教学比赛山西赛区三等奖，获得山西省第八次社会科学研究优秀成果三等奖。

山西省高等学校人文社会科学研究基地资助

当代人文经典书库

《杂宝藏经》词汇研究

张忠堂 ◎ 著

中国书籍出版社
China Book Press

图书在版编目（CIP）数据

《杂宝藏经》词汇研究/张忠堂著 . —北京：中
国书籍出版社，2017.8
ISBN 978－7－5068－6408－4

Ⅰ.①杂…　Ⅱ.①张…　Ⅲ.①《杂宝藏经》—词汇—
研究　Ⅳ.①B942.1

中国版本图书馆 CIP 数据核字（2017）第 206781 号

《杂宝藏经》词汇研究

张忠堂　著

责任编辑	李　新
责任印制	孙马飞　马　芝
封面设计	中联华文
出版发行	中国书籍出版社
地　址	北京市丰台区三路居路 97 号（邮编：100073）
电　话	（010）52257143（总编室）　　（010）52257140（发行部）
电子邮箱	eo@ chinabp. com. cn
经　销	全国新华书店
印　刷	三河市华东印刷有限公司
开　本	710 毫米×1000 毫米　1/16
字　数	181 千字
印　张	13.5
版　次	2018 年 1 月第 1 版　2018 年 1 月第 1 次印刷
书　号	ISBN 978－7－5068－6408－4
定　价	68.00 元

自　序

　　中古是汉语史发展的一个重要时期,而词汇最能反映出汉语的发展演变,因此中古汉语词汇的研究就显得尤为必要。一方面,这段时间是历史上大动荡、大裂变时期,朝代嬗替,战争频仍,民众迁徙不定。社会历史环境的剧烈变化对汉语、特别是汉语诸要素中变化最快的词汇产生了重大影响,口语词涌现,并快速进入书面语;新词新语大量产生的同时,许多旧有词语的意义也发生类型各异的演变,产生了许多新的义位。另一方面,汉魏之际,佛法东渐,传播渐广,域外及中土僧侣合作译介了数量众多的汉译佛典,随之而来,佛源词语不断渗透到中土语言文献中,并对汉语书面语产生了极大影响。但是,中古汉语词汇研究却一直比较滞后,国内外汉语学者的关注程度与中古汉语词汇的重要性难成比例。蒋绍愚先生《古汉语词汇纲要·前言》回顾汉语词汇史的研究现状时一语中的,他说:"至于东汉以下,就以往的研究来说,几乎可以说是空白。近年来有不少学者致力于六朝到明清的词语研究,取得了很大的成绩,但总的来说,还处于初始阶段。"①实际上,学者对汉译佛典的词汇研究数量同样不多,而汉译佛典的专书词汇研究更是凤毛麟角。

　　朱庆之先生在《佛典与中古汉语词汇研究·前言》明确指出:"汉文

---

　　①　蒋绍愚:《古汉语词汇纲要》,北京:北京大学出版社,1989年。

佛典,包括翻译佛典与本土佛教撰述,对汉语词汇史的研究来说甚至具有比同期中土(世俗)文献更高的史料价值,特别是中古时期。""不研究汉文佛典,就无法写出真正的中古汉语史,特别是中古词汇史。"①王云路先生在《中古汉语词汇研究综述》一文中说得更加清楚:"近年来,经过不少前辈专家的提倡,汉语史研究越来越重视佛学典籍,并且已经初具规模。""但比起众多的汉魏六朝典籍来说,我们研究的范围还是太窄了,还要我们付出更多的精力。"②我们选择《杂宝藏经》专书词汇作为研究课题,主要基于以下三方面原因:

第一,作者及年代可考,流传过程中又基本保持了原作的历史面貌。《杂宝藏经》全文 77400 字,真实反映了中古汉语词汇的实际情况,具有不可替代的汉语史料价值。周祖谟先生特别指出:"词汇是构成语言的材料,要研究词汇的发展,避免纷乱,宜从断代开始,而又要以研究专书作为出发点。"③

第二,内容较为丰富,能够反映当时的社会生活。《杂宝藏经》采撮众经,荟萃 121 缘佛教寓言故事。陈寅恪先生说过:"《杂宝藏经》虽为北魏时所译,然其书乃杂采诸经而成,故其所载诸国缘,多见于支那先后译出之佛典中。如卷八之《难陀王与那伽斯那共论缘》与《那先比丘问经》之关系,即其一例。"④此外,《杂宝藏经》还涉及民间喜剧、民俗风情,展现了中古社会的生活百态。

第三,口语色彩浓厚,堪称中古汉语研究的宝藏。佛教传播以普通民众为对象,为了实现通俗易懂的目的,汉译佛典往往语言趋俗,翻译者会尽可能使用当时的口语,因此,汉译佛经自然就会包含较多的口语成分。《杂宝藏经》采取口诵方式,由吉迦夜凭记忆讲述佛教故事、昙曜翻译、刘

---

① 朱庆之:《佛典与中古汉语词汇研究·前言》,台北:文津出版社,1992 年,第 1 页。
② 王云路:《中古汉语词汇研究综述》,古汉语研究,2003 年第 2 期。
③ 周祖谟、张双棣等编:《吕氏春秋词典·序》,济南:山东教育出版社,1993 年。
④ 陈寅恪:《寒柳堂集·三国志曹冲华佗传与佛教故事》,北京:三联书店,2001 年,第 177 页。

孝标笔受而成。因此,《杂宝藏经》语言通俗易懂,口语化程度很高,作为中古汉语研究的宝贵材料,已经得到学者的广泛认同。蔡镜浩先生指出:"魏晋南北朝时期书面语与口语的差距越来越大,而且出现了一批十分接近当时口语的作品。因而,这一时期应该是我国古白话的萌芽时期,值得我们重视。"①

希望借助本项课题实现我们的研究初衷。

斯为序。

张忠堂

2016 年 12 月 12 日作于山西大同大学文德楼

---

① 蔡镜浩:《魏晋南北朝口语材料与汉语辞书》,辞书研究,1988 年第 2 期。

目　录
CONTENTS

目 录
CONTENTS

第一章

绪　论

第一节　北魏平城时代的佛教传播

鲜卑族主要包括拓跋部、慕容部和宇文部三个较大的部落。从西汉至南北朝时期，一直活跃在中国北方地区。淝水之战后，鲜卑拓跋部在塞北建立了北魏王朝。为了便于统治，天兴元年（公元398年）七月，拓跋珪把首都从盛乐（今内蒙古和林格尔）迁到了平城（今山西大同），这段历史，称为北魏平城时代，始于公元398年道武帝迁都平城，终于公元494年孝文帝迁都洛阳，北魏平城时代历经6帝7世，凡97年。

平城（今山西大同），秦朝之时还是一片荒原，西汉初年始设平城县，隶属雁门郡，其实只是一座防御北方游牧民族的土堡。公元200年，著名的白登之战造就了平城的历史地位，让平城最终名垂青史。之后，随着东汉式微，汉族势力南迁，平城及其周边广大地区先后成为匈奴、乌桓、鲜卑等北方游牧民族的牧场。拓跋鲜卑族定都平城后，将平城改称代都，设置了司州、代尹和平城县等行政管理机构，开始了大规模的宫廷营建活动。从此，平城从荒凉的塞外小镇逐渐发展成为北魏的政治和经济中心。

1.1.1　佛教勃兴

魏收《魏书·释老志》已经指出,佛教在北魏时期获得了极为快速的发展。从北魏迁都开始,平城就逐渐成为一座充满佛教色彩的城市。迁都工作完成之后,国朝渐趋稳定,民众的佛教信仰进一步深化。天兴元年,道武帝敕令有司"于京城建饰容范,修整宫舍,令信向之徒,有所居止。"[1]"是岁,始作五级佛图、耆阇崛山及须弥山殿,加以绩饰。别构讲堂、禅堂及沙门座,莫不严具焉。"[2]"京邑四方,建立图像,仍令沙门敷导民俗。"[3]据《魏书》记载,自文成兴光至孝文太和,平城寺庙建至百所,僧尼达到 2000 余人。高僧玄高、慧崇、玄畅、昙曜、僧显、僧逞、道登、慧深等,皆名闻平城时代。

1.1.2　太武灭佛

拓跋鲜卑族建立的北魏朝廷,承继了汉代初年的思想主流,不仅"好黄老",又喜"览佛经",因此,佛道之间的相互排斥很快上升为朝廷行为。《魏书·释老志》曰:"世祖即位,富于春秋。既而锐志武功,每以平定祸乱为先。虽归宗佛法,敬重沙门,而未存览经教,深求缘报之意。及得寇谦之道,帝以清净无为,有仙化之证,遂信行其术。时司徒崔浩,博学多闻,帝每访以大事。浩奉谦之道,尤不信佛,与帝言,数加非毁,常谓虚诞,为世费害。"[4]"世祖欣然,乃始崇奉天师。"[5]重臣崔浩三番五次的建言,使寇谦之的道教思想渐渐深入皇室。公元 440 年,太武帝改元"太平真君",年号明显带上了道教色彩。

太平真君六年(公元 445 年)冬天,卢水胡人盖吴谋乱关中(今陕西

---

① 参见《魏书》卷 114《释老志》,北京:中华书局,1974 年。
② 同上。
③ 同上。
④ 同上。
⑤ 同上。

杏城），叛众多达十万，声势浩大。公元 446 年，太武帝西征，行至长安一座寺院。"长安沙门种麦寺内，御驻牧马于麦中，帝入观马。沙门饮从官酒，从官入其便室，见大有弓矢矛盾，出以奏闻。帝怒曰：此非沙门所用，当与盖吴通谋，规害人耳! 命有司案诛一寺，阅其财产，大得酿酒具及州郡牧守富人所寄藏物，盖以万计。又为窟室，与贵室女私行淫乱。帝既忿沙门非法，浩时从行，因进其说。诏诛长安沙门，焚破佛像，敕留台下四方，令一依长安行事。"①于是，中国历史上第一次，也是最血腥、最暴烈的灭佛运动开始了。烧掠寺庙，罢废佛道，捕杀僧尼。"诸有佛图形象及胡经，尽皆击破焚烧，沙门无少长悉坑之"②"土木宫塔，声教所及，莫不毕毁矣。"③其实，太武西征之前，已有"灭佛法，害诸沙门"之事，"盖吴造反"只是"太武灭法"的导火索而已。

太武灭佛，虽然动用了国家意志，却没有彻底动摇上至皇太子、下至僧尼教徒的佛教信仰。"时恭宗为太子监国，素敬佛道。频上表，陈刑杀沙门之滥。……如是再三，不许。"④虽然素敬佛教的太子晃有意"缓宣诏书"，使"远近皆豫闻之，得各为计。四方沙门，多亡匿获免，在京邑者，亦蒙全济。金银宝像及诸经论，大得秘藏。"更有昙曜、师贤等高僧"守道不改"。"沙门昙曜有操尚，又为恭宗所知礼。佛法之灭，沙门多以余能自效，还俗求见，曜誓欲守死，恭宗亲加劝喻，至于再三，不得已，乃止。密持法服器物，不暂离身，闻者叹重之。"⑤"罢佛法时，师贤假为医术还俗，而守道不改。"⑥太子晃、昙曜和师贤的行为表明，佛教从汉代进入中国后，历经数百年潜移默化，已成为不可阻挡的思想潮流。

---

① 参见《魏书》卷 114《释老志》，北京：中华书局，1974 年。
② 同上。
③ 同上。
④ 同上。
⑤ 同上。
⑥ 同上。

1.1.3　文成复法

正平二年(公元 452 年),文成帝拓跋濬即位,下诏复兴佛教:"释迦如来功济大千,惠流尘境,等生死者叹其达观,览文义者贵其妙明,助王政之禁律,益仁智之善性,排斥群邪,开演正觉。故前代已来,莫不崇尚,亦我国家常所尊事也。"①佛教的顽强生命力,令太武灭佛活动很快烟消云散。诸州郡县承迎法令,"于众居之所,各听建佛图一区,任其财用,不制会限"②。"天下承风,朝不及夕,往时所毁图寺,仍还修矣。佛像经论,皆复得显。"③凡喜好佛法、出身良家、性行笃厚、自愿出家为沙门的民众,不问长幼,听其出家。文成帝还亲自为师贤剃发,任命其为道人统,并诏令有司雕造等如帝身的佛像。兴光元年(公元 454 年),又敕令有司于五级大寺内为太祖以下五帝铸造各长一丈六尺的赤金释迦立像。和平初,师贤卒,昙曜继任道人统,更名沙门统。至此,在统治者大力扶持下,佛教发展纳入了国家管理的轨道,呈现出强烈的政治色彩,社会影响日益扩大,获得了前所未有的发展。

1.1.4　北魏译经

文成帝时期,沙门统昙曜不仅率众开凿了举世闻名的"昙曜五窟",成为云冈石窟这项浩大的文化工程的开创者,而且还组织发动了天竺沙门常那耶舍等人,于公元 460－471 年新译了佛经 14 部,后世传本 2 部 5卷。隋释费长房《历代三宝记》卷九曰:"太武帝崩,子文成立,即起浮图毁经,七年还兴三宝。至和平三年,诏玄统沙门释昙曜,慨前凌废,欣今载

---

①　参见《魏书》卷 114《释老志》,北京:中华书局,1974 年。
②　同上。
③　同上。

兴。故于北台石窟寺内集诸僧众,译斯传经,流通后贤,庶使法藏住持无绝。"①据梁释僧佑《出三藏记集》卷二记载,昙曜等人的译经时间当为北魏延兴二年(公元 472 年)。现存《付法藏因缘传》6 卷和《杂宝藏经》10卷,是与吉迦夜共译的。考察云冈石窟第 9、第 10 两窟的洞窟形制(平面方形,具前后室)、壁面布局(上下重层,左右分段,画面中附榜题等)、窟顶平棋、人物题材多样,中国传统建筑形式及其装饰、主像组合新颖(第 9窟释迦,第 10 窟弥勒)等,均与早期雕建的昙曜五窟有别,已经呈现出非常明显的变化。但是,其中雕刻的大量因缘故事,却与以上经书内容完全吻合,由此可见,《杂宝藏经》对两窟雕刻内容的影响可谓特别巨大。

总结北魏时期的汉译佛经,明显表现出三个特点:一是译经受官方扶持和王公显贵供施;二是译家多,译经范围广,译经活动连续不断;三是译家系统译介瑜伽行派经典著述,传承授徒,形成了义学派别。北魏时期的汉译佛经文化工程,大致可以分为平城、洛阳和邺城三个时期。

平城时期译经是在孝文帝迁都洛阳之前,集中在孝文帝延兴年间(公元 471 - 475 年),有两家译经组织从事译经。一是沙门统昙曜主持的译经集团,由凉州徙居平城的河西僧人和一些外僧组成,共译出新经14 部,后世诸录记载昙曜译经 3 部 7 卷(实 2 部 5 卷),按有目可查、有本可据原则,应该在 14 部之中;二是吉迦夜为首的译经集团,吉迦夜翻译经典,后世经录作"吉迦夜共昙曜译"或"吉迦夜为昙曜译",其实昙曜只是作为沙门统主持吉迦夜的译经活动,实际翻译者是吉迦夜,笔受者是法武(即刘孝标)。吉迦夜译经在延兴年间;昙曜译经在延兴及延兴年之前。

昙曜译经。后世诸录往往把昙曜和吉迦夜作为共译者论列,我们认为有必要将二者区别对待。《魏书·释老志》明言,昙曜共常那耶舍译新经 14 部,诸经录僧传谈到北魏佛教复兴时,也均提及昙曜于北台石窟寺

---

① 参见《大正新修大藏经》,第 55 册第 85 页 a 栏。下文所引佛经文献及用例,均摘自日本《大正新修大藏经》,例句后的数字表示该句所在佛经的册数、页数以及栏数,abc 分别表示本页上、中、下三栏。出于其他文献典籍者,别加说明。

集诸德僧,与天竺沙门译《付法藏传》及《净土经》之事。昙曜是北魏复兴佛教的重要人物,《魏书·释老志》作了较详细记载,《续高僧传》也立传记述。昙曜译经集团的译经场所是北台石窟寺(即后来的云冈石窟),其组成者主要包括从印度、西域辗转凉州而往来的僧人和河西凉州僧人,也可能还有一些青齐儒士参加。主要译经者是外僧常那耶舍和昙曜,常那耶舍的具体情况史籍缺载,只知他是天竺人,从凉州辗转来到平城。昙曜和常那耶舍的译经时间当在延兴之前,太和之后(公元 460 – 471 年)。昙曜和常那耶舍共译经 14 部,后世传本 2 部 7 卷。《长房录》作 3 部,误将北凉道泰所译《人大乘论》2 卷算在其中;《武周刊定录》和《开元录》作 3 部,列失译经《大吉义神咒经》于其中,《大正藏》亦如,吕澄《新编》改正。昙曜 2 部译经如下:

一是《付法藏因缘经》,或作《付法藏经》《付法藏传》,原 4 卷,现藏内 6 卷,和平三年译于北台石窟寺。诸经录或作“见菩提流支”,或作“第二出”,或作“吉迦夜重译”,说明吉迦夜之前已有本子,后世传本当是吉迦夜的修补本。《大藏经》里的《付法藏传》应是昙曜和常那耶舍翻译,吉迦夜修正的本子;二是《净土三昧经》1 卷,与刘宋文帝时凉州沙门宝云所译同本异出。

吉迦夜译经。吉迦夜,意译何事,其事迹史书缺载,只知他是西域人,《开元录》说他“游化在虑、守物为心”,可能是主张瑜伽行派唯识的僧人。为吉迦夜译经作笔受的法武,即刘孝标,《梁书》卷五十有传,《魏书》卷四十三附传于《刘休宾传》。按传当生于北魏太安四年(公元 458 年),八岁之后削发为僧,取名法武,14 至 35 岁之间为吉迦夜译经作笔受。吉迦夜译经在延兴二年(公元 472 年)之后,共译 4 部 19 卷,如下:

《杂宝藏经》原作 13 卷,《开元录》作 8 卷,今《大藏经》10 卷,共昙曜译;《称扬诸佛功德经》3 卷,原名《集华经》《诸佛华经》《现在佛名经》,与鸠摩罗什、求那跋陀罗译本同本异出;《大方广菩萨十地经》1 卷,为《华严经·十地品》节译,西晋竺法护译为《渐备一切智德经》(或称《菩萨十地经》),鸠摩罗什译为《十地经》;《方便心论》2 卷,与东晋觉贤译同本异出。

洛阳时期译经规模之大、参译者之众、译出经典之多,堪称元魏译经之首。主要有昙摩流支、菩提流支、伏陀扇多、勒那摩提四家,其中菩提流支译经时间最长,译经最多,影响最大。菩提流支译经自永平年(公元508 年)至北魏末东魏初,曾有宣武帝元恪、侍中崔光、义学名僧僧朗、僧辩、道湛等作笔受,或为其经论作序。菩提流支共译经典 38 部 127 卷,主要为大乘瑜伽行派所奉的经典和论著。伏陀扇多和勒那摩提译经几乎与菩提流支同时,但三家各自独立、互相竞美。由于各不相访,以至于造成一些经典的重复翻译。

昙摩流支译经。昙摩流支,意译法希,南印度人,以通晓律藏而闻名,宣武帝元年游化到洛阳,居于白马寺译经。笔受道宝缺载,可能是洛阳义学沙门。昙摩流支和道宝是北魏迁都洛阳之后首先译经的,其译经时间在宣武帝景明二年至正始四年(公元 501－507 年)之间,共译经 3 部 8 卷,如下:

《如来入一切佛境界经》2 卷,亦名《如来庄严智慧光明入一切诸佛境界经》,与梁时僧伽婆罗译《度一切诸佛境界智严经》1 卷本同本异出;《信力入印法门经》5 卷,为《华严经·别品》节译;《金色王经》1 卷,瞿昙般若流支所译与此同本,菩提流支曾重新勘定,今传瞿昙般若流支译本。

菩提流支译经。菩提流支,意译道希,北天竺人,永平初年经西域到达洛阳,受到宣武帝敬重,安置于永明寺。菩提流支主持的译经团体,不仅规模最大,而且讲经论义、传师授徒。参加菩提流支译经的有学僧僧朗、僧辩、道湛等,还有宣武帝元恪、侍中崔光、外僧觉意等,不见经传的参译者可能还有很多。菩提流支译经集团共译经 38 部 127 卷,如下:

《十地经论》12 卷,崔光序说:"四月上日命三藏法师北天竺菩提流支魏言道希、中天竺勒那摩提魏云宝意,及传译沙门北天竺伏陀扇多,并义学缁儒一十余人在太极、紫庭译出此论,十有余卷。"说明此经由菩提流支主译,勒那摩提和伏陀扇多等人协作;《金刚般若波罗蜜经》1 卷,僧朗笔受,与鸠摩罗什所译同本异出,均入藏;《金刚般若经论》3 卷,僧朗笔受;《入楞伽经》10 卷,僧朗、道湛笔受,与宋求那跋陀罗所译同本;《法集经》6 卷,僧朗笔受;《胜思惟梵天所问经》6 卷,与竺法护《持心经》、鸠摩罗什《思益经》同本异译;《佛名经》12 卷,今藏内另有 30 卷本《佛名经》,当失译经;《大萨遮尼乾子受记经》8 卷;《不增不减经》1 卷;《差摩婆帝受记经》1 卷;《无量寿经论》1 卷,或"论"字音译为《无量寿经优波提舍》,僧辩笔受;《胜思惟经论》4 卷,或作《胜思惟梵天所问经论》,僧朗、僧辩笔受;《深密解脱经》5 卷,孝武帝元修、僧辩等笔受,昙宁作序;《伽耶山顶经》1 卷,与鸠摩罗什译《文殊师利问菩提经》(亦名《菩提无行经》)同本异译;《伽耶山顶经论》2 卷,僧辩、道湛笔受;《佛语经》1 卷,僧朗笔受;《无字宝匣经》1 卷,僧朗笔受;《谤佛经》1 卷,与竺法护《决定总持经》同本异译;《弥勒菩萨所问经》1 卷,觉意笔受;《弥勒菩萨所问经论》9 卷,僧朗笔受;《文殊师利巡行经》1 卷,觉意笔受;《宝积经论》4 卷;《护诸童子陀罗尼经》1 卷,或题《护诸童子请求男女陀罗尼经》;《宝性论》4 卷,与勒那摩提译同本;《十二因缘论》1 卷;《百字论》1 卷;《大方等修多罗经》1 卷,与伏陀扇多所译同本;《破外道四宗论》1 卷。

勒那摩提译经。勒那摩提,意译宝意,中印度人,宣武帝正始五年(公元 508 年)到达洛阳。勒那摩提共译经 4 部 20 卷,其中《十地经论》合译,实传 3 部 9 卷,如下:

《宝积经论》4 卷,永平元年(公元 508 年)译,与菩提流支《大宝积经论》同本异译;《法华经论》1 卷,或题《妙法莲花经论》,永平元年译,崔光、僧朗笔受;《究竟一乘宝性论》4 卷,或题《宝性分别七乘增上论》,译于赵欣宅,与菩提流支《宝性论》同本异译。

伏陀扇多译经。伏陀扇多,意译觉定,事迹不详。从北魏孝明帝正光元年至东魏孝静帝元象元年(公元 520－538 年)共译经 10 部 11 卷(不包括《十地经论》),如下:

《金刚上味陀罗尼经》1卷,正光六年(公元525年)译;《如来狮子吼经》1卷,正光六年译,《新编》作"与菩提流支合译";《摄大乘论》2卷,北魏节闵帝普泰元年(公元521年)译;《无畏德女经》1卷,或题《无畏德菩萨经》,东魏孝静帝元象二年(公元539年)译于邺城;《银色女经》1卷,元象二年译,与西晋法炬《前世三转经》同本异译,《新编》作失译经;《十法经》1卷,元象二年译;《正恭敬经》1卷,或题《正法恭敬经》,元象二年译;《转有经》1卷,或题《佛说转有经》,元象二年译,与菩提流支《方等修多罗经》同本异译;《阿难陀目佉尼诃离陀罗尼经》1卷,与支谦《无量微密持陀罗尼》同本异译;《无字宝箧经》1卷,元象二年译,与菩提流支译同本。

东魏时代虽然迁都邺城,历时仅17年,但译经事业不断。最大译经者瞿昙般若流支,由义学沙门昙林作笔受,前后译出经论18部92卷。另二家译经者是月婆首那和毗目智仙。月婆首那译经3部7卷,由僧昉作笔受;毗目智仙只是一些零星译经。主要译经活动:

瞿昙般若流支译经。瞿昙般若流支,或称瞿昙流支,意译智希,北印度婆罗捺城人(今恒河左岸贝拿勒斯),属婆罗门种姓。孝明帝熙平元年(公元516年)至魏都洛阳,后随东魏迁邺城,从东魏孝静帝元象元年至武定元年(公元538-543年)在金华寺、昌定寺和尚书令高澄茅舍译经。瞿昙流支,常与其师毗目智仙合作翻译,由昙林笔受,先后译经17部89卷(不包括《十地经论》),如下:

《正法念处经》70卷,昙林、僧昉等笔受;《无垢女经》1卷,或题《得无垢女经》,与竺法护《离垢施经》及《宝积无垢强舍》同本异译;《一切法高王经》1卷;《毗耶婆问经》2卷,昙林笔受;《奋迅王经》2卷,昙林笔受,与鸠摩罗什《自在王经》同本异译;《不必定入定入印经》1卷,昙林笔受;《顺中论》2卷,昙林笔受;《第一文法胜经》1卷,昙林笔受;《八佛名经》1卷,或题《八部佛名经》,昙林笔受;《金色王经》1卷,昙林笔受;《无垢优婆夷问经》1卷;《解脱戒本》1卷,僧昉笔受并作序;《菩萨四法经》1卷,昙林、李希义笔受;《宝意猫儿经》1 卷;《犊子道人问经论》1 卷,李希义笔受;《伊迦输迦论》1 卷,或题《壹输迦论》;《唯识论》1 卷,一名《破色心》,或题《唯识无境界论》。

毗目智仙译经。毗目智仙,北印度乌仗那国(今印度河上游及斯瓦特地区)人,刹帝利种姓,北魏孝明帝熙平元年(公元 516 年)同其弟子瞿昙流支游至洛阳。毗目智仙通晓三藏而擅长毗昙学,常与弟子瞿昙流支合译,共译 6 部 8 卷,如下:

《善住意天子所问经》3 卷,瞿昙流支助译,昙林笔受;《回诤论》1 卷,昙林笔受;《业成就论》1 卷;《转法轮经论》1 卷,昙林笔受;《宝髻菩萨四法经论》1 卷;《三具足经论》1 卷。

月婆首那译经。月婆首那,意译高空,中印度优禅尼国王子,从东魏孝静帝元象元年至兴和三年(公元 538 – 541 年)在东魏邺城公孙胜茅舍译经,共译经 3 部 10 卷,由僧昉笔受,如下:

《僧伽任经》4 卷;《摩诃迦叶经》2 卷,或名《大迦叶经》《迦叶经》;《频婆娑罗王问佛供养经》1 卷,与《增一阿含经》第 26 卷同本异译。

统计元魏时期汉译佛经,《大唐内典录》作 88 部 302 卷,《开元录》作 83 部 274 卷。《魏书·释老志》曰:“魏有天下,至于禅让,佛经流通,大计中国,凡有四百一十五部,合一千九百一十九卷。”这个数目应当不仅指先魏所译经典,还包括代译本、南朝译本流通于魏境者,但元魏 3 代 150 余年,译经者有 9 家之多,所译经典之数绝不会才 80 余部,而且昙曜共常那耶舍所译新经 14 部不见于经录。又宋云惠生携回经律 170 部,行于世,当然指汉文译本,不会有梵本行于世的道理,因此元魏译经肯定在 80 余部之上。对照南朝刘宋 60 年间的译经之数,《开元录》统计 465 部 1717 卷,存世 93 部 243 卷,缺本 372 部 474 卷,《内典录》统计 216 部 501 卷,与《开元录》尚有 249 部之差。元魏译经之数很可能也是这种情况,80 余部是有据可查的,《魏书·释老志》所载 415 部 1919 卷,很可能就是元魏所译佛经之数。根据元魏的译经力量和时间,译出 400 多部极有可能,3 次迁都肯定丢失很多,加之永熙三年永宁寺大火,寺中经典焚毁殆尽,后世诸经录挂一漏万,也就可以理解了。

第二节　《杂宝藏经》的作者、成书及版本源流

1.2.1　作者概况

今本《杂宝藏经》,由吉迦夜和昙曜共译,刘孝标笔受,计 77400 字。

吉迦夜的生平事迹,现存资料较少,我们只能从历代佛典目录对他的描述略知一二。梁释僧佑《出三藏记集》卷二曰:"右三部(《杂宝藏经》等三部经书),凡二十一卷。宋明帝时,西域三藏吉迦夜,于北国以伪延兴二年,共僧正释昙曜译出,刘孝标笔受。"①隋释费长房《历代三宝记》卷九曰:"(《杂宝藏经》等)右五部合二十五卷,宋明帝世,西域沙门吉迦夜,魏云何事,延兴二年,为沙门统释昙曜于北台重译,刘孝标笔受。"②唐释智昇《开元释教录》卷六曰:"沙门吉迦夜,魏云何事,西域人也。游化在虑,导物为心,以孝文帝延兴二年壬子,为昭玄统沙门昙曜译《大方广十地》等经五部,刘孝标笔受。"③唐释靖迈《古今译经图记》卷三曰:"沙门吉迦夜,此云何事,西域人。游化戒虑,导物在心,以魏孝文帝延兴二年岁次壬子,为僧统昙曜译《杂宝藏经》等五部合二十五卷,刘孝标笔受,谓《杂宝藏经》十三卷、《付法藏因缘经传》六卷、《称扬诸佛功德经》三卷、《大方广菩萨十地经》一卷、《方便心论》二卷。"④明复《中国佛学人名辞典》曰:"(元魏)吉迦夜,比丘,似为天竺人。文成帝时(452 - ?)巡行至平

---

① 参见《大正新修大藏经》,第 55 册第 13 页 b 栏。
② 参见《大正新修大藏经》,第 49 册第 85 页 b 栏。
③ 参见《大正新修大藏经》,第 55 册第 540 页 a 栏。
④ 参见《大正新修大藏经》,第 55 册第 360 页 a 栏。

城,众服其博通,礼敬之。时方太武难后,经籍零散,乃共昙曜等译出《付法藏传》,并《净土经》多种,北地大法得以重兴。"①

由此可知,吉迦夜是西域僧人,不仅熟悉梵文经典,而且立志宣扬佛法,游化众生。北魏时期,他翻译了众多佛经,《杂宝藏经》就是其中之一。梁丽玲认为:"由于吉迦夜为印度人,对于梵文原典的掌握较昙曜熟悉,所以在翻译经典的工作与贡献方面,地位自然较昙曜来得重要。"②

昙曜经历了太武灭佛运动,但他反对灭佛的意志坚定,德行高尚,为时人敬重。《魏书·释老志》曰:"沙门昙曜有操尚,又为恭宗所知礼。佛法之灭,沙门多以余能自效,还俗求见。曜誓欲守死,恭宗亲加劝喻,至于再三,不得已,乃止。密持法服器物,不暂离身。闻者叹重之。"③太武帝死后,孝文帝即位,"昙曜继师贤之后任第二代沙门统,成为佛教复兴运动的领袖,奠定了北魏佛教全盛期的基础。"④梁释慧皎《高僧传》卷十一记载曰:"至伪太平七年,拓跋焘果毁灭佛法,悉如高言。时河西国沮渠茂虔,时有沙门昙曜,亦以阐业见称,伪太傅张潭伏膺师礼。"⑤唐释道宣《续高僧传》卷一曰:"释昙曜,未详何许人也。少出家,操行坚贞,风鉴闲约。以元魏和平年,住北台昭玄统。绥缉僧众,妙得其心。住恒安石窟通乐寺,即魏帝之所造也。"⑥"此昙曜当即魏世复兴大法之沙门,道宣作传,谓未知为何许人,实则来自凉州也。《释老志》谓昙曜以复佛法之明年,自中山奉命赴京。是昙曜受知于文成帝之证。"⑦

除了译经,昙曜还主持开凿了京西武州塞石窟。《魏书·释老志》

---

① 明复:《中国佛学人名辞典》,北京:中华书局,1988 年,第 102 页。

② 梁丽玲:《〈杂宝藏经〉及其故事研究》,台北:法鼓文化事业股份有限公司,1998 年,第 10 页。

③ 魏收:《魏书》,北京:中华书局,1974 年。

④ (日)镰山茂雄:《简明中国佛教史》,郑彭年译,力生校,上海:上海译文出版社,1986 年,第 96 页。

⑤ 参见《大正新修大藏经》,第 50 册第 397 页 a 栏。

⑥ 参见《大正新修大藏经》,第 50 册第 427 页 c 栏。

⑦ 汤用彤:《汉魏两晋南北朝佛教史》,北京:北京大学出版社,1997 年,第 354 页。

曰:"于京城西武州塞,凿山石壁,开窟五所,镌建佛像各一。高者七十尺,次六十尺,雕饰奇伟,冠于一世。"①此即云冈石窟营造之始。云冈石窟的开凿,为北魏佛教传播做出了不可磨灭的贡献。

1.2.2　成书时代

从《杂宝藏经》结集成本的时间看,当在北魏孝文帝延兴二年(公元472年)。梁释僧佑《出三藏记集》卷二曰:"右三部(《杂宝藏经》十三卷等三部经书),凡二十一卷。宋明帝时西域三藏吉迦夜,于北国以伪延兴二年,共僧正释昙曜译出,刘孝标笔受,此三经并未至京都。"②陈引驰据《杂宝藏经》内容推断,"如果《杂宝藏经》有一撰集者,那么他是在公元二至三世纪从事这项工作的。"③我们认为,《杂宝藏经》于北魏延兴二年译出后,就在西北边陲广为流传,到唐朝初年,已经相当流行。

1.2.3　版本源流

在《大正藏》中,《杂宝藏经》属本缘部,共十卷,一百二十一缘。梳理相关记载,卷数却不尽相同。

梁释僧佑《出三藏记集》卷二曰:"《杂宝藏经》十三卷(阙)。"④隋释费长房《历代三宝记》卷九曰:"《杂宝藏经》十三卷……见道慧《宋齐录》。"⑤又卷十四曰:"《小乘录入藏目》:《杂宝藏经》一十卷。"⑥唐道宣《大唐内典录》卷四曰:"《杂宝藏经》十三卷,宋明帝时,西域沙门吉迦夜,魏言何事,延兴二年,为沙门统释昙曜于北台重译,刘孝标笔受。"⑦又卷

① 魏收:《魏书》,北京:中华书局,1974年。
② 参见《大正新修大藏经》,第55册第13页b栏。
③ 陈引驰:《〈杂宝藏经〉注译·序》,广州:花城出版社,1998年。
④ 参见《大正新修大藏经》,第55册第13页b栏。
⑤ 参见《大正新修大藏经》,第55册第85页b栏。
⑥ 参见《大正新修大藏经》,第55册第268页c栏。
⑦ 参见《大正新修大藏经》,第50册第427页c栏。

七《小乘经单重翻本》曰:"《杂宝藏经》,八卷或十卷,一百五十纸,后魏延兴年,吉迦夜共昙曜于北台译。"①又卷八《历代众经见入藏录》曰:"《杂宝藏经》,八卷一帙。"②唐释靖迈《古今译经图纪》卷三曰:"沙门吉迦夜,此云何事,西域人。游化戒虑,导物在心,以魏孝文帝延兴二年岁次壬子,为僧统昙曜译《杂宝藏经》等五部合二十五卷,刘孝标笔受,谓《杂宝藏经》(十三卷)。"③唐明佺《大周刊定众经目录》卷七曰:"《杂宝藏经》一部八卷,或十卷,或十三卷,一百六十六纸,右后魏延兴年,吉迦夜共昙曜于北台译,出《长房录》。"④唐智昇《开元释教录》卷六曰:"《杂宝藏经》八卷。《录》云十三卷,未详,今只有八卷,见道慧《宋齐录》及《僧佑录》。"⑤又卷二十《入藏录下》曰:"《杂宝藏经》八卷,或十三卷,一百五十三纸。"⑥唐圆照《贞元新定释数目录》卷九曰:"《杂宝藏经》八卷,《录》云十三卷,未详,今只有八卷,或即分此为十三也。见道慧《宋齐录》及《僧佑录》。"⑦

据此可知,《杂宝藏经》有十三卷、十卷和八卷三种版本。梁释僧佑《出三藏记集》作十三卷,应为较早版本,六朝已经流传,今已阙失。隋代费长房《历代三宝记》已记有十卷本,《大唐内典录》又有八卷本入藏,唐圆照《贞元新定释教目录》认为十三卷本可能是对八卷本的拆分。从唐代《大唐内典录》《大周刊定众经目录》都同时记有八卷、十卷、十三卷版本的情况看,我们可以推断,隋唐时期三种卷本都有流传,而目前所见各种藏经中,只有八卷本(敦煌写卷)和十卷本这两种版本。

本文以日本《大正新修大藏经》(以下简称《大正藏》)十卷本为底

---

① 参见《大正新修大藏经》,第50册第298页c栏。
② 参见《大正新修大藏经》,第50册第307页c栏。
③ 参见《大正新修大藏经》,第55册第360页a栏。
④ 参见《大正新修大藏经》,第55册第412页b栏。
⑤ 参见《大正新修大藏经》,第55册第539页c栏。
⑥ 参见《大正新修大藏经》,第50册第622页c栏。
⑦ 参见《大正新修大藏经》,第55册第838页a栏。

本,同时参照《中华大藏经》进行校勘。

第三节 《杂宝藏经》研究综述

作为语言研究的语料,朱庆之认为:"理想的语料应具备以下的条件:1. 内容具有广阔的社会文化生活覆盖面;2. 语体不过于典雅而含有较多的口语成分;3. 基本保持历史原样,年代大致可考,并具有充足的数量。"①《杂宝藏经》非常符合以上三个条件,也因此引起了许多学者的注意。目前,《杂宝藏经》语言研究成果如下:

词汇研究:俞理明《汉魏六朝佛经在汉语史研究中的价值》(1987)一文对包括北朝佛经《杂宝藏经》等在内的语料进行了分析;颜洽茂《佛教语言阐释——中古佛经词汇研究》(1998)一书,重点对《百喻经》《贤愚经》《杂宝藏经》三部译经的复音词从结构和意义方面进行了全面分析;夏广兴《〈杂宝藏经〉词语随札》(2002)以《汉语大词典》《辞源》《辞海》《佛学大辞典》等辞书为依据,对其中出现的十几个中古新词及义项做了考释;康振栋《〈杂宝藏经〉新词考》(2002)以《汉语大词典》为参照系,对《杂宝藏经》中的新词做了较为详细的考证与解释;张忠堂《〈杂宝藏经〉成语研究》(2015)对《杂宝藏经》中的成语做了穷尽性的描写。② 显然,前贤时彦关于《杂宝藏经》的词汇研究还比较零散,已有的词汇研究,多数以词语考释为主,系统研究没有。

句法研究:张长桂、何平《〈杂宝藏经〉里的"V + 于 + N"》(1995)描写了"V + 于 + N"格式的分布情况;沈林林《〈杂宝藏经〉"云何"研究》(2006)考察了"云何"在中古的用法及句法功能;姬红岩《〈杂宝藏经〉句法问题初探》(2007)初步考察了"被动句""判断句"和"疑问句";张明媚

---

① 朱庆之:《佛典与中古汉语词汇研究》,台北:文津出版社,1992年,第1页。
② 张忠堂:《〈杂宝藏经〉成语研究》,北朝文化研究论文集,2015年9月,第55−63页。

《〈杂宝藏经〉副词研究》(2008)对《杂宝藏经》中的副词进行了全面描写,总结了副词的新义和新产生的副词,归纳了副词新旧词语共存、复音词多且不够稳定的特点。

此外,语言研究引用《杂宝藏经》作为书证的论著有:蔡镜浩《魏晋南北朝词语例释》(1990),朱庆之《佛典与中古汉语词汇研究》(1992),王云路、方一新《中古汉语语词例释》(1992),《俗语佛源》(1993),李维琦《佛经词语汇释》(2004),张忠堂《论汉语史上"间"的音变构词》①《从音变构词到多音多义字》②以及《论汉语史上"学""校"的音变构词》③等。

目前,汉语史专书词汇研究已经初步取得一些成果,其研究方法越来越得到学界的认同与倡导。周祖谟先生指出:"词汇是构成语言的材料,要研究词汇的发展,避免纷乱,宜从断代开始,而又要以研究专书作为出发点。"④可以说,专书词汇研究是断代词汇以及整个词汇史研究的基础,把专书词汇研究放入汉语词汇某一发展阶段的宏观背景里,寻找其中蕴含的规律,勾勒汉语词汇史的发展面貌,这在目前词汇研究中是一个扎实而且可行的方法。"专书语法研究的兴起和发展是汉语史研究领域的一个重大突破,它不仅很大程度上矫正了以往汉语语法史研究中由于随意取例论证而形成的片面性和误差,更重要的是,它进一步明确了第一手资料在汉语语法史研究中的重要价值。"⑤

我们选择北魏时期的汉译佛典《杂宝藏经》作为专书词汇研究即源于此。

---

① 张忠堂:《论汉语史上"间"的音变构词》,马来亚大学中文系学术文丛跨越古今:中国语言文字学论文集,漫延书房,2013年10月,第307－316页。

② 张忠堂:《从音变构词到多音多义字——以"中"、"间"为例》,浙江大学学报:人文社会科学版,2014年3月,第122－129页。

③ 张忠堂:《论汉语史上"学""校"的音变构词》,东南大学学报(人文社会科学版),2016年第1期,第137－142页。

④ 周祖谟、张双棣等编:《吕氏春秋词典·序》,济南:山东教育出版社,1993年。

⑤ 张忠堂:《〈孟子〉语法研究述评——兼论汉语史专书语法研究的走向》,语文研究,2009年第2期,第41页。

第二章

《杂宝藏经》名词研究

第一节　单音节名词

2.1.1　指称人类

人：义为"能制造工具，会运用语言的高等动物"，出现 295 次。例如：

（1）释提桓因，即化作人，语小儿言："汝今割肉，与汝父母，生悔心不？"（0448a24）

（2）连骸挂骨，而来问言："世颇有人饥穷瘦苦剧于我不？"（0449c03）

兄：义为"哥哥"，出现 97 次。例如：

（1）尔时有兄弟二人，兄语弟言："汝与父敷屡，使令守门。"（0456b25）

（2）昔有王子兄弟二人，被驱出国，到旷路中，粮食都尽。弟即杀妇，分肉与其兄嫂使食。（0458c08）

王：义为"君主；大王"，出现 230 次。例如：

（1）时王遇患，命在危惙，即立太子罗摩，代己为王，以帛结发，头著

天冠,仪容轨则,如王者法。(0447a25)

(2)时小夫人,瞻视**王**病,小得瘳差,自恃如此,见于罗摩绍其父位,心生嫉妒,寻启于王求索先愿:"愿以我子为王,废于罗摩。"(0447a28)

己:义为"自己",出现28次。例如:

(1)以安居时至,心怀供养,剪**己**发卖,得五百金钱,请迦栴延,夏坐供养。(0489c29)

(2)老婆罗门见偷**己**物,叹惋彼人,又自感伤,忧愁懊恼,惆怅进路。(0497c26)

众:义为"许多;许多人",出现95次。例如:

(1)时婆罗陀,即将军众,至彼山际,留**众**在后,身自独往。(0447b21)

(2)**众**人皆言从陆道去,即从陆道。(0451a14)

儿:义为"孩子",出现36次。例如:

(1)既至**儿**所,搥胸懊恼,号咷而言:"我子慈仁,孝顺无比。天神地神,山神树神,河神池神诸神。"(0448c12)

(2)时耶输陀罗,着白净衣,抱**儿**在怀,都不惊怕,面小有垢,于亲党中,抱**儿**而立。(0496c26)

贼:义为"强盗",出现60次。例如:

(1)尔时舍卫国,波斯匿王,击鼓唱令,而作是言:"若作**贼**者,捉得当杀。"时有一人,捉**贼**将来,王便遣人将出杀去。(0482a17)

(2)佛言:"昔迦尸国有王,名为恶受,极作非法,苦恼百姓,残**贼**无道,四远贾客,珍琦胜物,皆税夺取,不酬其直。"(0485a26)

兵:义为"士兵",出现55次。例如:

(1)弟白兄言:"恐涉道路,逢于贼难,故将**兵**众,用自防卫,更无余意。愿兄还国,统理国政。"(0447b24)

(2)时女父国王,虽闻其言,犹怀不信,庄严**兵**仗,启门就看,方知非鬼。(0480b02)

君：义为"君王"，出现 12 次。例如：

（1）**君**臣率尔，无知答者。（0449c12）

（2）**君**臣默然，无能答者。（0449c20）

民：义为"民众"，与"人"构成合成词"人民"37 次，单用 2 次。例如：

（1）感惟此城，一日覆没，雨土成山，君**民**并命。先有何缘，同受此害？（0495c23）

（2）斯那尔时即语王言："粗饭如民，细者如王，**民**见于王，谁不避路？"（0492c24）

军：义为"军队"，也指"士兵"，出现 18 次。例如：

（1）兄语婆罗陀言："弟今何为将此**军**众。"（0447b24）

（2）时王出**军**，游戏回还，于其路次，而见尊者迦栴延，端坐静处，坐禅入定。（0495c23）

臣：义为"仕宦之人"，出现 52 次。例如：

（1）大**臣**归家，往问其父。（0449b12）

（2）**臣**复以状，往问于父。（0449c06）

2.1.2 指称事物

衣：义为"衣服"，出现 86 次。例如：

（1）尔时阿难，着**衣**持钵，入城乞食。（0447c19）

（2）力士知之，请二尊者并五百弟子，安置止宿，供给**衣**食。（0487a18）

树：义为"木本植物的通称"，出现 33 次。例如：

（1）昔如来在菩提**树**下，恶魔波旬，将八十亿众，欲来坏佛。（0481b17）

（2）道由**树**下，见一比丘，形体甚悴，灶前然火。（0483c19）

井：义为"人工挖成的用以取水的洞穴"，出现 2 次。例如：

（1）有一老母，名迦旦遮罗，系属于人，**井**上汲水。（0450b16）

（2）世尊！金天夫妻，本造何行，自生以来，多财饶宝，身体金色，端正第一，得此一井能出一切？唯愿如来！（0384c25）

水：义为"无色无味透明的液体"，出现49次。例如：

（1）一切众生，皆有三火：贪欲、瞋怒、愚痴之火。我以智**水**，灭此三火。此言若实，此火当灭。（0455a08）

（2）尔时鹦鹉，深生悲心，怜彼鸟兽，捉翅到**水**，以洒火上。（0455a16）

火：义为"物体燃烧时发出的光焰"，出现85次。例如：

（1）佛以智水灭三**火**缘。（0453c09）

（2）值彼聚落造作吉会，饮酒醉乱，不觉**火**起，烧此聚落。（0455a04）

雨：义为"雨水"，出现57次。例如：

（1）昔于迦尸国，时有龙王兄弟二人，一名大达，二名优婆大达，恒雨甘**雨**，使其国内，草木滋长，五谷成熟，畜生饮水，皆得肥壮，牛羊蕃息。（0461c07）

（2）迦尸之国，波罗㮈城，有大龙王，名为瞻卜，常降时**雨**，使谷成熟，十四日十五日时，化作人形，受持五戒，布施听法。（0463c18）

雾：义为"水蒸气遇冷凝结成的悬浮于空中的小水滴"，出现21次。例如：

（1）昔有一妇，禀性很戾，不顺礼度……罪逆之甚，感彻上天，云**雾**四合，为下霹雳，霹杀其儿。（0493b22）

（2）地处处裂掣电星落，阴**雾**昼昏雷电霹雳，诸飞鸟辈于虚空中，悲鸣感切自拔羽翼，虎豹豺狼禽兽之属，自投自掷跳踉鸣叫。（0389a10）

月：义为"月份；月神"，出现32次。例如：

（1）日**月**满足，来至仙人所，生一女子，端正殊妙，唯脚似鹿，梵志取之，养育长成。（0452b26）

（2）天神地神，日**月**诸神，谁能慈愍济我厄也？（0464b14）

山：义为"由土石聚集而成的高出地面的峰岭"，出现59次。例如：

（1）过去之世，雪**山**一面，有大竹林，多诸鸟兽，依彼林住。（0455a16）

（2）昔罽宾国，有离越阿罗汉，**山**中坐禅。（0457b02）

天：义为"天空"，出现289次。例如：

（1）时释提桓因，宫殿震动，以天耳闻盲父母悲恻语声，即从**天**下，往到其所，而语睒摩迦言："汝于王所，生恶心也？"（0448c19）

（2）**天**神欢喜，大遗国王珍琦财宝，而语王言："汝今国土，我当拥护，令诸外敌不能侵害。"（0450a05）

地：义为"陆地；土地"，出现59次。例如：

（1）昔舍卫城中，有一女人，坐**地**磨香，值佛入城，女见佛身，生欢喜心，以所磨香，涂佛脚上。（0474c19）

（2）有一长者，亦欲为佛作好房屋，不能得**地**，便于如来经行之处，造一讲堂，堂开四门。（0475c03）

房：义为"房屋"，出现11次。例如：

（1）尔时王舍城，频婆娑罗王，为佛造作浮图僧**房**。（0475c03）

（2）昔舍卫国，有一长者，于祇洹林，求空闲地，欲造**房**舍。（0482b09）

船：义为"水上运输工具"，出现3次。例如：

（1）置象**船**上，着大池中，画水齐船深浅几许。即以此船，量石着中，水没齐画，则知斤两。（0449b22）

（2）非但今日，于过去时，波罗榇国，有一商主，名不识恩，共五百贾客，入海采宝。得宝还返，到回渊处，遇水罗刹而捉其**船**，不能得前。（0464b14）

谷：义为"谷类作物的通称"，出现50次。例如：

（1）母子二人，田中锄**谷**，见一辟支佛，持钵乞食，母语女言："我欲家中取我食分与是快士。"（0453b03）

（2）是时田主按行苗行，见诸虫鸟揣**谷**穗处，瞋恚懊恼，便设罗网，捕得鹦鹉。（0449a14）

田：义为"田地"，出现36次。例如：

（1）若种少善于良福田，后必获报。（0479b12）

（2）昔有兄弟二人，家计贫困，兄常日夕，精勤礼拜求毗摩天，望得大富，而遣其弟，耕田种殖。（0491c20）

肉：义为"肌肉"，出现 23 次。例如：

（1）汝今割肉，与汝父母，生悔心不？（0448a24）

（2）乌待昼日，知枭无见，踏杀群枭，啖食其肉。（0498c14）

风：义为"由于气压不均发生的空气对流现象"，出现 76 次。例如：

（1）以此忠孝因缘故，风雨以时，五谷丰熟，人无疾疫，阎浮提内，一切人民，炽盛丰满，十倍于常。（0447c15）

（2）提婆达多，于婆罗门所，即合毒药，以散佛上。风吹此药，反堕己头上，即便闷绝，躄地欲死，医不能治。（0464c01）

雪：义为"空气中的水蒸气遇冷凝结而成的白色结晶，多为六角形"，出现 8 次。例如：

（1）正使今日，天雨黑雪，顶生毒蛇，终不相放，奚须多云。（0427b03）

（2）经三月已，告诸梵志："我今有忧，缠绵我心，夙夜反侧，何方能释？汝曹道士，是我所奉，当思方便佐我除雪。"（0388c16）

海：义为"海洋"，出现 46 次。例如：

（1）汝父在时，常入海采宝。汝今何为不入海也？（0450c27）

（2）时诸商人，迷闷愁忧，恐失财物，此处多贼，而复怖畏，咸共同心，向于天地日月山海一切神祇，啼哭求哀。（0393b11）

池：义为"池塘"，出现 27 次。例如：

（1）不但今日，乃往过去时，有莲花池，多有水鸟在中而住。（0464a20）

（2）王既到园，入池中洗。（0426b03）

石：义为"由矿物集合而成的坚硬物体"，出现 21 次。例如：

（1）时有贫人，虽怀喜心，家无财宝供养之具，便以一把白石似珠，用散众僧，发大誓愿。（0359b23）

（2）祇洹门外，有一大石，尼提比丘，坐于石岩，缝补故衣，有七百天

人,各持华香,而供养之,右绕敬礼。(0397b21)

土:义为"泥土;土地",出现8次。例如:

(1)佛于是日,口中放光,金色赫奕,遍大千土。(0362c15)

(2)时王见之,便生恶心,手自把土,用坌尊者,语左右言:"尔等为我各各以土坌迦栴延。"于时土聚,遂没尊者。(0495c23)

草:义为"草本植物的通称",出现17次。例如:

(1)复问其父,父答言:"与草令食,若是母者,必推草与子。"(0450a03)

(2)佛作是说:"是菩萨人,如鸠留孙佛时,有一仙人,名曰定光,共五百仙人,在于山林中草窟里住。"(0461b13)

其他事物类单音节名词:粮(11);骨(16);针(34);刀(26);剑(44);车(23);炉(1);宝(62);坑(14);塔(56);簏(30);盖(23);酒(14);弓(7);米(42);琴(16);泪(10);羊(55);绳(1);饭(13);牛(140);手(65);墙(9);油(44);杖(32);豆(2);龙(22);网(17);药(8);林(27);牙(34)。

2.1.3 指称抽象概念

缘:义为"因缘;缘分",出现278次。例如:

(1)十奢王缘。(0447a07)

(2)王子以肉济父母缘。(0447a08)

福:义为"富贵寿考的通称",出现154次。例如:

(1)世无佛法,有辟支佛,在于山间林中,坐禅行道飞腾变化,福度众生。(0438a25)

(2)一切诸佛,及众贤圣,天人品类,受福多少,皆由于法种其善因,致使其后各获妙果。(0437a26)

悔:义为"懊悔;懊悔之事",出现89次。例如:

(1)尔时四众,从佛闻说过去因缘,心怀欢喜,深自懊悼悲叹而言:"我等愚痴!不识明哲,生起恶心。唯愿如来!怜愍愚痴,听悔前罪。"

（0438c15）

（2）时辟支佛,心愍此人,欲令改**悔**,为现神足,所谓飞行履虚,屈伸舒戢,出没自在,神足变现。（0417c17）

德:义为"道德;品行",出现 11 次。例如:

（1）其池中水,八**德**具足,水底遍满七宝之沙,八种莲花,大如车轮,青黄赤白,红绿紫杂,香气芬馥,馨彻四远。（0362b28）

（2）明日清朝,阿难白佛:"昨夜二天,来觐世尊,威相晔着,净光赫奕。昔种何**德**,获斯妙果?"（0353b22）

命:义为"生命;性命",出现 94 次。例如:

（1）释梵天世王,云何不佐助,我之孝顺子,使见如此苦? 深感我孝子,而速救济**命**。（0448b22）

（2）有一长者,名曰婆伽,尊者舍利弗、目连,为说法要,得阿那含,**命**终生梵天上,即称名为婆伽梵。（0461a13）

法:义为"法令;律例",出现 164 次。例如:

（1）何等二**法**,能使于人疾得人天,至涅槃乐? （0452b20）

（2）昔者世尊,语诸比丘:"当知往昔波罗？国,有不善**法**,流行于世。"（0456b25）

道:义为"佛教思想",出现 142 次。例如:

（1）不久即得阿罗汉**道**,比丘尼中,善解契经,最为第一。（0450b27）

（2）佛言:"迦叶佛时,出家学**道**,以是因故,得阿罗汉。"（0450c02）

业:佛教徒对言语、行为、思想的总称,分别叫作口业、身业和意业,包括善恶两面,一般特指恶业,出现 122 次。例如:

（1）比丘问言:"以何**业**行,生于天上?"（0482b03）

（2）比丘问言:"以何**业**缘,生于天宫?"（0482a23）

计:义为"计算;打算",出现 63 次。例如:

（1）夫妇作**计**,即共将儿,逃奔他国。持七日粮,计应达到。（0448a08）

（2）又问言:"今此狱中,颇有受罪如我比不?"答言:"百千无量,不可

称计。"(0451b28)

鬼:义为"迷信所谓人离世后的灵魂",出现 26 次。例如:

(1)出城渐远,逢一罗刹,名曰蓝婆。彼**鬼**是时,生五百子,初生已竟,极怀饥渴,见差摩来,望以为食。(0370b09)

(2)商主语言:"慎莫怖畏!但从我后。"于是前行,到于**鬼**所,而语鬼言:"汝不闻我名耶?"(0487b23)

政:义为"政治;政权",出现 18 次。例如:

(1)佛言:"乃往过去九十一劫时,世有佛名毗婆尸,出现于世,**政**法教化,度脱众生,不可称数。"(0358c13)

(2)波斯匿王崩背之后,太子流离,摄**政**为王,暴虐无道,驱逐醉象,蹋杀人民,不可称计。(0367a21)

力:义为"气力;本领",出现 57 次。例如:

(1)昔波斯匿王有一女,名曰善光,聪明端正,父母怜愍,举宫爱敬。父语女言:"汝因我**力**,举宫爱敬。"女答父言:"我有业**力**,不因父王。"(0458a23)

(2)诸比丘白佛言:"世尊神**力**,甚为希有! 提婆达多,常欲害佛,然佛恒生大慈。"(0464b12)

意:义为"意向;心愿",出现 86 次。例如:

(1)弟知兄**意**终不可回,寻即从兄,索得革屣,惆怅懊恼,赍还归国,统摄国政。(0447c02)

(2)时娑罗那闻此语已,心开**意**解,获须陀洹;深乐大法,倍加精进,未久行道,得阿罗汉。(0459c21)

礼:义为"礼仪;仪式",出现 47 次。例如:

(1)尔时众会闻佛所说,恭敬作**礼**,欢喜奉行。(0458a20)

(2)昔有一妇,禀性很戾,不顺礼度,每所云为,常与姑反,得姑瞋责,恒怀不分。(0493b22)

其中,有 21 次动词用法,义为"以礼相待"。例如:

（1）频婆娑罗王，已得见谛，数至佛所，**礼拜**问讯。（0473a26）

（2）尔时阿难，白世尊言："昨夜有天光明照曜，**礼敬**世尊。不知其缘？愿见告示。"（0437c15）

恩：义为"恩德；恩义"，出现 27 次。例如：

（1）尔时帝释告般阇识企干阒婆子言："汝今于我，其**恩**甚重，汝能觉悟佛世尊故，使我得见闻于深法。"（0478a20）

（2）贤者阿难，从座而起，长跪叉手，而白佛言："世尊出世，实多饶益，拔济盲冥，**恩**难称极。"（0390c16）

神：义为"具有高超能力的人；神仙"，出现 59 次。例如：

（1）天**神**复问言："谁于睡者，名之为觉？谁于觉者，名之为睡？"（0449b16）

（2）尔时提婆达多，作是念言："佛有五百青衣鬼**神**恒常侍卫，佛有十力百千那罗延，所不能及，我今不能得害。"（0465a29）

（3）于是，王将盲父母往至睒摩迦边。既至儿所，搥胸懊恼，号咷而言："我子慈仁，孝顺无比。天**神**地**神**，山**神**树**神**，河**神**池**神**诸**神**。"（0448c12）

还有形容词用法，义为"神奇；无所不能"，出现 20 次。例如：

（4）佛言："往昔波罗榇国，仙山之中，有二仙人：其一老者，获五**神**通；其一壮者，竟无所得。时老仙人，即以**神**力，往欝单越，取成熟粳米，而来共食之。"（0465c01）

（5）诸比丘白佛言："世尊**神**力，甚为希有！提婆达多，常欲害佛，然佛恒生大慈。"（0464b12）

2.1.4　指称处所

家：义为"家庭"，出现 105 次。例如：

（1）大臣归**家**，往问其父。父答子言："此事易别。以细软物，停蛇著上。其躁扰者，当知是雄；住不动者，当知是雌。"（0449b12）

（2）佛言："迦叶佛时，出**家**学道，以是因故，得阿罗汉。当于尔时，为徒众主，骂诸贤圣胜尼为婢，以此因缘，今属于他。"（0450c02）

狱：义为"监牢；地狱"，出现 6 次。例如：

（1）又问言："今此**狱**中，颇有受罪如我比不？"答言："百千无量，不可称计。"（0451b28）

（2）王即付**狱**中，经十二**年**，恒为**狱**监，饲马除粪。（0457b02）

与"地"构成合成词"地狱"，出现 11 次。例如：

（1）佛在王舍城，告诸比丘言："有二邪行，如似拍毱，速堕**地狱**。云何为二？ 一者不供养父母。二者于父母所作诸不善。"（0449a04）

（2）佛将难陀，复至**地狱**，见诸镬汤，悉皆煮人。（0486b01）

国：义为"国家；国度"，出现 157 次。例如：

（1）时婆罗陀，先在他**国**，寻召还**国**，以用为王。（0447b15）

（2）佛言："过去久远，有**国**名弃老，彼**国**土中，有老人者，皆远驱弃。"（0449b03）

村：义为"村落"，出现 11 次。例如：

（1）时彼上**村**父母，闻下**村**长者鱼腹中得儿，即往其所，追求索之，而语之言："此是我儿，我于彼河，而失是子，今汝得之，愿以见还。"（0385b25）

（2）佛告阿难："过去世时，有毗婆尸佛，出现于世，度脱众生，不可计数。尔时众僧，游行**村落**，时彼**村**中，有诸居士，共请众僧，种种供养。"（0359b23）

屋：义为"房屋"，出现 20 次。例如：

（1）佛言："……大臣孝顺，心所不忍，乃深掘地，作一密**屋**，置父著中，随时孝养。"（0449b03）

（2）于一日中，如来忽然在其**屋**中，婆罗门妇，见已默然都不与语。（0485a09）

城：义为"城镇；城邑"，出现 65 次。例如：

（1）尔时阿难，著衣持钵，入**城**乞食。（0447c19）

（2）于是大施，转自前行，见一银**城**，白净皦然，知是龙**城**，欢喜往趣。见其**城**外，有七重堑，满诸堑中，皆有毒蛇，其毒猛盛，视之可恶。（0407b07）

宫：义为"宫殿"，出现 27 次。例如：

（1）频婆娑罗王，已得见谛，数至佛所，礼拜问讯。时**宫**中妇女，不得日日来到佛边，王以佛发，**宫**中起塔，**宫**中之人，经常供养。（0473a26）

（2）时王出**宫**，大众导从，诣座而坐，象师散阇，将象至会，寻使工师，作七铁丸，烧令极赤，作已念言："象吞此丸，决定当死；王后或悔。"（0372b27）

与"天"构成合成词"**天宫**"，出现 8 次。例如：

（1）比丘问言："以何业缘，生于**天宫**？"（0482a23）

（2）比丘问言："以何因缘，生于**天宫**，乘此宝车？"（0482b28）

与"殿"构成合成词"**宫殿**"，出现 10 次。例如：

（1）时舍利弗，欣然含笑。须达问言："尊人何笑？"答言："汝始于此经地，六欲天中，**宫殿**已成。"（0420c25）

（2）时释提桓因，**宫殿**震动，便即观之，是何因缘？见此小儿作希有事，即化作饿狼，来从索肉。（0448a20）

园：义为"供人嬉戏之地；园地"，出现 76 次。例如：

（1）舍卫国中，有长者子，共诸长者子，游戏**园**中。（0475b09）

（2）佛告阿难："今此**园**地，须达所买，林树华果，祇陀所有，二人同心，共立精舍，应当与号太子祇树给孤独**园**，名字流布，传示后世。"（0421b12）

堂：义为"举行某种活动的房屋"，出现 21 次。例如：

（1）昔恶生王，游观林苑，园中**堂**上，见一金猫，从东北角，入西南角。（0491a14）

（2）时富那奇，教化其兄，令为世尊立一小**堂**，覆**堂**村木纯以栴檀。

其堂已成,教化其兄请佛。(0395a19)

处:义为"处所;地址",出现94次。例如:

(1)释提桓因,即将其子并其父母,使得一**处**,见彼国王,心大悲喜,愍其至孝,叹未曾有,即给军众,还复本国。(0448a29)

(2)从第四禅起,入空**处**定,从空**处**起,入于识**处**,从识**处**起,入不用**处**,从不用**处**起,入非有想非无想**处**,从非有想非无想**处**起,入灭尽定,从灭尽定起,而般涅槃。(0388a09)

还有"停留;位于"义,出现5次。例如:

(3)尊者答言:"我于往昔,亦曾失牛,随逐踪迹,经一山中,见辟支佛独**处**坐禅,即便诬谤,至一日一夜。"(0457b19)

(4)佛告天曰:"汝生天上,快得安乐。"天白佛言:"世尊!我虽生**处**天上,亦常忧苦。"(0466a15)

2.1.5 指称时间

昔:义为"往日;以前",出现163次。例如:

(1)汝**昔**于阎浮提,日以二钱,供养于母,故得琉璃城,四如意珠,及四玉女,四万岁中,受其快乐。(0451b18)

(2)佛言:"不但今日,**昔**雪山中,有鸟名为共命,一身二头。"(0464a07)

与"往"构成合成词"往昔",出现7次。例如:

(3)我由**往昔**,于诸出家著染衣人,深生信心,敬戴之故,致得成佛。(0438a21)

(4)慧命阿难,前白佛言:"婆世踬沙门,**往昔**之时,与彼女子,有何因缘,心染惑着,几致危没?"(0442a07)

今:义为"此刻;今日",出现210次。例如:

(1)兄语婆罗陀言:"弟**今**何为将此军众?"(0447b24)

(2)汝**今**割肉,与汝父母,生悔心不?(0448a24)

与"日"构成合成词"今日",出现 64 次。例如：

(3)佛言："非但今日,于过去世,雪山之中,有一鹦鹉,父母都盲,常取好花果,先奉父母。"(0449a09)

(4)猕猴王言："汝等今日,慎勿恐怖,我当为汝破坏彼网。汝诸猕猴！悉随我出。"(0450b02)

时:义为"事物发展所经历的进程;某个时刻",出现 266 次。例如：

(1)尔时父王,拘迦离是也。彼时母者,提婆达多是。彼时子者,我身是也。我于尔时,都无恶心,不受我悔,今日亦尔,不受我悔。我于尔时,虽为所杀,都无一念瞋恨之心,况于今日,而当忿恚有恶心也?(0456c28)

(2)以此忠孝因缘故,风雨以时,五谷丰熟,人无疾疫,阎浮提内,一切人民,炽盛丰满,十倍于常。(0447c15)

年:义为"年数;年龄",出现 79 次。例如：

(1)时十奢王,即徙二子,远置深山,经十二年,乃听还国。(0447b12)

(2)昔佛在世,有一长者子,年五六岁。(0469a24)

日:义为"日数",出现 146 次。例如：

(1)夫妇作计,即共将儿,逃奔他国。持七日粮,计应达到,惶怖所致,错从曲道,行经十日,犹不达到。(0448a08)

(2)迦尸之国,波罗㮈城,有大龙王,名为瞻卜,常降时雨,使谷成熟,十四日十五日时,化作人形,受持五戒,布施听法。(0463c18)

构成重叠式合成词"日日",副词,出现 15 次。例如：

(3)王舍城中,有一长者,日日往至佛所。其妇生疑,而作念言："将不与他私通,日日恒去。"便问夫言："日日恒向何处来还?"(0473c14)

(4)佛言："乃往过去,有一长者,日日遣人,请五百辟支佛,就家设食。"(0496b02)

晨:义为"早晨",出现 26 次。例如：

（1）尔时世尊，**晨**与阿难，入城乞食。（0368c07）

（2）值须陀素弥，将诸婇女，**晨**欲出城至园洗浴，道见婆罗门，从其乞匃。（0426b03）

与"清"构成合成词"清晨"，出现1次。如下：

（3）**清晨**躬手授佛杨枝，佛受嚼竟，掷残著地，堕地便生，蓊欝而起，根茎踊出，高五百由旬，枝叶云布，周匝亦尔。（0362b08）

夜：义为"夜晚"，出现74次。例如：

（1）诸比丘言："希有世尊！提婆达多于如来所，常生恶心。世尊长**夜**，慈心怜愍，柔软共语。"（0463c16）

（2）诚报神应，见地明晓，寻明即往罗阅城门。**夜**三时开，初**夜**中**夜**后**夜**，是谓三时。（0419a10）

昨：义为"昨天；已往的时间"，出现17次。例如：

（1）佛于晨朝，告诸比丘言："梵天王，**昨**日来至我所，说上偈已，即还天上。"（0478b05）

（2）于**昨**宿处，有一草叶著我衣裳，我自少以来，无侵世物，叶著衣来我甚为愧，欲还草叶，归彼主人，尔并停住待我往还。（0497c13）

现：义为"现在；目前"，出现74次。例如：

（1）诸比丘白佛言："世尊！依止提婆达多，常得苦恼，依止如来世尊者，**现**得安乐，后生善处，得解脱道。"（0454c12）

（2）佛于是日，于高座上，自隐其身，寂灭不**现**，但放光明，出柔软音，分别演畅诸法之要。（0363a26）

与"在"构成合成词"现在"，出现1次。如下：

（3）夫斗战法，以残他为胜，残害之道，**现在**愚情，用快其意，将来之世，堕于三涂，受苦无量。（0459c05）

与"出"构成合成词"出现"，共计3次。例如：

（4）佛告阿难："欲知善听！过去有佛，名毗婆尸，**出现**于世，度脱众生。"（0359a24）

2.1.6　指称方位

上：义为"上边"，相对于"下"而言，出现 133 次。例如：

（1）尔时天神，捉持二蛇，着王殿**上**，而作是言："若别雄雌，汝国得安；若不别者，汝身及国，七日之后，悉当覆灭。"（0449b07）

（2）时仇伽离，于其身**上**，即生恶疮，从头至足，大小如豆。（0461a23）

动词用法，义为"上去"。例如：

（3）尔时众会，闻佛说此已，皆大欢喜。国王臣民，闻此贫女奉上一灯受记作佛，皆发钦仰，并各施与上妙衣服，四事无乏。（0371b04）

（4）时彼家中，常令使人入林取薪，是时使人，早赴入林，**上**树采薪。（0373c21）

右：义为"右方；右边"，与"左"相对，出现 22 次。例如：

（1）佛时举**右**手，护财白象，见五百师子，象时恐怖，即便调顺。（0488c26）

（2）日初出时，有金轮宝从东方来，王遥见之，即下御座，**右**膝着地，向于轮所，以手三招，轮已来至，千辐具足，光色晒着。（0404a06）

中：义为"中间；中心"，出现 229 次。例如：

（1）昔迦尸国王土界之**中**，有一大山，**中**有仙人名睒摩迦。（0448b07）

（2）其后不久，生五百卵，盛着箧**中**。（0452a04）

后：义为"后边"，与"前""先"相对，出现 119 次。例如：

（1）时婆罗陀，即将军众，至彼山际，留众在**后**，身自独往。（0447b21）

（2）昔有比丘，死时将至，会有外道婆罗门见，相是比丘，知七日**后**必当命终。（0469a15）

边：义为"边缘"，与"中心"相对，出现 41 次。例如：

（1）佛言："往昔久远，雪山之**边**，有猕猴王，领五百猕猴。"（0450b02）

（2）佛吐水弃，化成宝池，周匝四**边**，各二百里，纯以七宝共相间杂，

众色相照,光明焰奕。(0362b28)

前:义为"前边",与"后"相对,出现 72 次。例如:

(1)佛告王言:"乃往过去,有辟支佛,日日乞食,到一长者门**前**。时长者女,持食施辟支佛,见辟支佛身体粗恶,而作是言……"(0458a13)

(2)女答父言:"我有业力,不因父王。"如是三问,答亦如**前**。(0458a23)

还用作动词,义为"上前"。例如:

(3)慧命阿难、目连,见贫女人得免苦厄出家受记,长跪合掌,**前**白佛言:"难陀女人,宿有何行,经尔许时,贫乞自活? 复因何行,值佛出家,四辈钦仰诤求供养?"(0371a20)

(4)于是别去,转复**前**行,遥见一城,纯青琉璃,其色清洁,复**前**往趣。(0407c08)

内:义为"里面;内部",出现 33 次。例如:

(1)一切狡猾谄伪诈惑,外状似直,**内**怀奸欺,是故智者,应察真伪。(0497b29)

(2)世尊思惟:"舍卫城**内**,婆罗门众,信邪倒见,余人往者,必不能办;唯舍利弗,是婆罗门种,少小聪明,神足兼备,去必有益。"(0419b22)

外:义为"外边",出现 82 次。例如:

(1)遥见铁城,心生疑怪,而作是念言:"**外**虽是铁,内为极好。"(0451b08)

(2)时有内官,以金钱赎牛,作群放去,以是因缘,现身即得男根具足。还到王家,遣人通白:"某甲在**外**。"(0459c25)

第二节　双音节名词

2.2.1　指称人物

伴侣:义为"同伴;伙伴",通常指夫妻中一方,出现 4 次。例如:

(1)得母此语,谓呼已定,便计**伴侣**,欲入海去。(0450c27)

(2)尔时复有五百贾客,相与结要,欲入大海,唤富那奇,共为**伴侣**。(0394b06)

雪山:出现 7 次。例如:

(1)非但今日,于过去世,**雪山**之中,有一鹦鹉,父母都盲,常取好花果,先奉父母。(0449a09)

(2)过去久远无量世时,**雪山**边有一仙人,名提婆延,是婆罗门种,婆罗门法,不生生男女,不得生天。(0451c14)

国土:出现 29 次。例如:

(1)王有太子,名摩诃劫宾宁,其父崩背,太子嗣位,体性聪明,大力勇健,所统**国土**,三万六千,兵众殷炽,无能敌者,威风远振,莫不摧伏。(0398a19)

(2)众生蠢蠢,都如幻居,三界皆空,**国土**亦如。(0403c12)

风化:义为"社会公认的道德规范",出现 1 次。如下:

(1)兄弟敦穆,**风化**大行,道之所被,黎元蒙赖,忠孝所加,人思自劝奉事孝敬。(0447c09)

风寒:出现 3 次。例如:

(1)时有妇人,偶行在此,值天降雨**风寒**理极,无避雨处,即向定光仙所,寄宿一夜。(0461b13)

(2)枭语乌言:"何用是为?"乌即答言:"孔穴之中,纯是冷石,用此草

木,以御**风寒**。"(0498c14)

大海:出现 56 次。例如:

(1)天神又复问言:"以一掬水,多于**大海**,谁能知之?"(0449b25)

(2)尔时复有五百贾客,相与结要,欲入**大海**。(0394b06)

山林:出现 7 次。例如:

(1)善听善念! 吾当为汝具分别说。乃往过去无数世中,有辟支佛,出现于世,处在**山林**,修遂其志。(0417c17)

(2)昔优填王子,名曰娑罗那,心乐佛法,出家学道,头陀苦行,**山林**树下,坐禅系念。(0459a22)

因缘:义为"因缘",佛教指称使事物产生、发展、变化、消忘、毁灭等的根据和条件,出现 121 次。例如:

(1)众会复白:"以何**因缘**,受猕猴身?"(0443c14)

(2)尔时四众,从佛闻说过去**因缘**,心怀欢喜,深自愧悼悲叹而言:"我等愚痴! 不识明哲,生起恶心。"(0438c15)

苦恼:义为"众生因执着于虚妄的事物而产生的身心方面的苦恼、忧虑与混乱、困惑",出现 32 次。例如:

(1)佛言:"非但今日,我过去时,亦曾为母,拔**苦恼**事。"(0450a29)

(2)诸比丘言:"世尊! 提婆达多,欲作种种**苦恼**于佛,又多方便欺诳如来。"(0465a13)

烦恼:义同"苦恼",出现 6 次。例如:

(1)善贤语其夫:"汝言袈裟中有善无恶。云何如此?"答言:"非袈裟过,乃是心中**烦恼**过也。"(0454a18)

(2)况我今日,得成佛道,**烦恼**都除,慈悲广布,被彼少害,岂不慈愍?(0415a20)

宿命:义为"前世的生命",出现 7 次。例如:

(1)昔舍卫国,有一大长者,生一女子,自识**宿命**,初生能语,而作是言:"不善所作,不孝所作,无惭所作,恶害所作,背恩所作。"(0453c25)

（2）因此善心，生忉利天，自识**宿命**，故来报恩。（0437c15）

业缘：义为"因缘"，善业是招乐果的因缘，恶业为招苦果的因缘，一切众生皆由业缘而生，出现 20 次。例如：

（1）以何**业缘**，在于狱中，受苦经年？（0457b19）

（2）以何**业缘**，生于天宫？（0482a23）

彼岸：佛家以有生有死的境界为此岸，超脱生死，即涅槃的境界为彼岸，出现 5 次。例如：

（1）今从佛闻便解此义，得了此法，得度疑**彼岸**，得拔诸见毒箭，已除我见，心不退转。（0477c12）

（2）悉于诸度得到**彼岸**，解了一切诸佛之法，过诸声闻缘觉之上。（0496b13）

道理：义为"根据；理由"，出现 10 次。例如：

（1）于是二家，各引**道理**，其儿父母说："是我儿，我于某时，失在河中。"（0385b25）

（2）其父临终，殷勤约敕："汝当慎莫与迦叶佛沙门讲论**道理**。"（0422c19）

智慧：义为"超越世俗虚幻的认识或知识，具备了把握真理的能力"，出现 36 次。例如：

（1）昔优陀羡王，住卢留城，聪明解达，有大**智慧**。（0495a02）

（2）如往昔时，有一女人，聪明**智慧**，深信三宝，常于僧次，请一比丘，就舍供养。（0494c02）

才智：义同"智慧"，出现 1 次。例如：

（1）赖汝**才智**，国土获安，既得珍宝，又许拥护，是汝之力。（0450a07）

知识：义为"正直而有德行，能教导正道之人"，佛教将善友、亲友、胜友、善亲友称作善知识；教导邪道之人称为恶知识，出现 8 次。例如：

（1）亲近善**知识**。（0454c14）

（2）后提婆达多,与阿阇世王作恶**知识**。（0472b25）

谛道：义为"真实无谬的道理",出现 4 次。例如：

（1）复以何缘得见**谛道**？（0455b05）

（2）领四小国,获见**谛道**。（0466c26）

神通：也作"神通力""神力",义为"佛、菩萨等通过修持禅定所得到的神秘法力",出现 12 次。例如：

（1）得阿罗汉道,具六**神通**？（0454b16）

（2）其一老者,获五**神通**。（0465c01）

军众：也作"兵众",义为"军队官兵的总称",出现 12 次。例如：

（1）时婆罗陀,即将**军众**。（0447b21）

（2）弟今何为将此**军众**？（0447b24）

（3）叹未曾有,即给**军众**,还复本国。（0448a29）

贡献：义为"贡品",魏晋之前,"贡献"指贡品;魏晋之后,"贡品"逐渐取代了"贡献",出现 9 次。例如：

（1）王以何故与他**贡献**？（0452a14）

名称：义为"名号;称谓",出现 7 次。例如：

（1）**名称**远达。（0449a27）

（2）现得**名称**供养。（0454c14）

果报：也作"华报",义为"因果报应","华报"在"果报"之前,"华"即"花","华报"指现世报。"果报"出现 28 次,"华报"出现 5 次。例如：

（1）以何业缘,受是**果报**？（0475a20）

（2）命终生天受此**果报**。（0475a03）

（3）夫以华报,所感如此,况其**果报**,岂可量也？（0459c25）

方便：义为"以灵活方式因人施教,使悟佛法真义",出现 16 次。例如：

（1）作诸**方便**。（0452a21）

（2）当作何**方便**。（0455b22）

（3）又多**方便**欺诳如来。（0465a13）

咒术：义为"诅咒对方,使遭不利的邪术",出现 2 次。例如：

（1）善知**咒术**,和合毒药。（0464c01）

（2）世幻**咒术**,及以药力,亦能神变。（0495b11）

罪福：义为"因果报应中的善报和业报",出现 3 次。例如：

（1）**罪福**之报,其事云何？（0450c20）

（2）作其**罪福**。（0451b08）

饮食：义为"吃的东西和喝的东西",出现 36 次。例如：

（1）得三斗米,炊作**饮食**。（0459a07）

（2）入城募索**饮食**。（0469c03）

（3）着**饮食**中（0487c18）

眼睛：出现 1 次。例如：

（1）如爱**眼睛**,亦如明珠（0460b28）

儿子：义为"子女",出现 5 次。例如：

（1）养活**儿子**。（0460b28）

（2）杀人**儿子**。（0492a13）

石窟：出现 2 次。例如：

（1）一时佛在摩竭提国,王舍城南,有婆罗门聚落,名庵婆罗林,此聚落北,毗提酰山**石窟**之中。（0476a18）

（2）作是语已,见**石窟**广博,佛威神力,多所容受。（0476c02）

珍琦：义为"宝贵的东西",出现 2 次。例如：

（1）天神欢喜,大遗国王**珍琦**财宝,而语王言："汝今国土,我当拥护,令诸外敌不能侵害。"（0450a05）

（2）昔迦尸国有王,名为恶受,极作非法,苦恼百姓,残贼无道,四远贾客,**珍琦**胜物,皆税夺取,不酬其直。（0485a26）

珍宝：义同"珍琦",出现 49 次。例如：

（1）波婆伽梨,而语王言："我曹不遇,船重沉没,迦良那伽梨并诸贾

人,合诸**珍宝**,尽没大海。"(0413b25)

（2）我佛法中,不贵**珍宝**,唯贵善心。(0468a06)

胡麻:即今天说的亚麻,从西域地区传来,出现6次。例如:

（1）被瞋打已,情甚懊恼,即入王田**胡麻**地中,蹋践**胡麻**,苗稼摧折。守**胡麻**者,瞋其如是,复加鞭打,极令劳辱。(0479c16)

（2）如瞻卜华并**胡麻**压,油瞻卜香;若合臭花,油亦随臭。(0381a19)

菩萨:源于梵语菩提萨埵(Bodhisattva)的音译和简化,是释迦牟尼未成佛时的称号,后指称大乘思想的实行者。出现41次。例如:

（1）是**菩萨**人,如鸠留孙佛时,有一仙人,名曰定光,共五百仙人,在于山林中草窟里住。(0461b13)

（2）于是别后,转更前进,见一金城,其色晃晃,甚为妙好,**菩萨**往趣。(0408a04)

世界:佛教认为,"世"为时间意,"界"为空间意,涵盖时间空间不可分割的道理。出现10次。例如:

（1）众生无量,**世界**无量。(0477c02)

（2）**世界**之中,何有罗汉?(0495b11)

功德:义为"善言与善行;功业与功德",音译作"惧囊、麌囊、求那"。出现85次。例如:

（1）佛告诸比丘:"拔济父母,有大**功德**。"(0450b12)

（2）如来先昔,造何**功德**,而乃有此多塔之报?(0368c23)

实语:义为"真实、不妄不异之语",特指佛或修行者所说之话语,出现8次。例如:

（1）信为第一财,正法最为乐,**实语**第一味,智慧命第一。(0455c11)

（2）佛怜愍故,为说**实语**。(0464c01)

世间:义为"人世间;世界上",出现36次。例如:

（1）**世间**有人,信敬三宝,孝顺父母,好施、忍辱、精进、持戒,得生天上端政殊特,过于汝身,百千万倍,以此方之,如瞎猕猴。(0449c23)

（2）梨师跋王，时有一女，端政殊妙，**世间**希有，王甚爱重，不违其意。（0413c13）

旷野：义为"空阔的原野"，出现 18 次。例如：

（1）既过**旷野**，到神仙住处，采取华果，以自供食。（0458c08）

（2）过去之世，有二贾客，俱将五百商人，到**旷野**中。（0465c19）

房屋：义为"住人或存放东西的建筑物"，出现 1 次。例如：

（1）有一长者，亦欲为佛作好**房屋**，不能得地，便于如来经行之处，造一讲堂，堂开四门。（0475c03）

2.2.2 指称时间

过去/现在/将来：佛家讲求三世，即过去世、现在世和未来世，也就产生了"过去""现在""将来"三个时间名词。"过去"出现 167 次，"现在"出现 5 次，"将来"出现 35 次。例如：

（1）此未为难，我**过去**世中，供养父母，乃极为难。（0447c23）

（2）世尊！**过去**之世。（0447c25）

（3）和上答言："生死斗战，都无有胜。所以者何？夫斗战法，以残他为胜，残害之道，**现在**愚情，用快其意，将来之世，堕于三涂，受苦无量。"（0459c05）

（4）此染衣者，过去未来**现在**三世圣人标相，我若害之，则为恶心趣向三世诸贤圣人。（0438a25）

（5）**将来**之世，堕于三涂，受苦无量。（0459c05）

（6）**将来**之世，堕饿鬼中。（0449c06）

实时：义为"事物发生过程中的实际时间"，出现 72 次。例如：

（1）千子**实时**将诸军众，降伏诸国，次第来到梵豫王国。（0453a07）

（2）**实时**血止，疮亦平复。（0481a24）

今世/后世："今世"义为"今生；今世"，出现 11 次；"后世"义为"轮回中的下一世"，出现 12 次。例如：

（1）**今世后世**，众苦集聚（0454c14）

（2）我今望得**现世**安乐、**后世**安乐（0481b02）

（3）由此因缘，**今世**聪明，逮罗汉果。（0442a25）

（4）佛告阿难："今此园地，须达所买，林树华果，祇陀所有，二人同心，共立精舍，应当与号太子祇树给孤独园，名字流布，传示**后世**。"（0421b12）

2.2.3 指称方位

下流：义为"河水的下游"，出现 27 次。例如：

（1）时萨躭菩王，在于**下流**（0452a08）

（2）时乌耆延王，将诸徒从夫人婇女，**下流**游戏。（0453a02）

上流：义为"河水的上游"，出现 1 次。如下：

（1）时乌耆延王，将诸徒从夫人婇女，下流游戏。见黄云盖，从河**上流**，随水而来，王作是念："此云盖下，必有神物。"（0453a02）

左右：出现 23 次。例如：

（1）尔时其王，欻于梦中，见有一兽，身毛金色，其诸毛端，出金光明，照于**左右**，皆亦金色。（0366b13）

（2）治政数年，出外游观，见诸人民耕种劳苦，问**左右**曰："我国人众，何以作此种种役使？"（0403b04）

其他双音节名词：慈心（8）；侍从（4）；国王（59）；地狱（15）；福报（1）；璎珞（7）；舍利（42）；夫人（111）；仙人（65）；莲华（27）；畜生（5）；云盖（5）；天下（15）；父母（129）；快士（1）；母子（10）；高处（1）；贤圣（10）；长者（135）；女子（5）；福德（11）；袈裟（9）；敷具（6）；罗汉（12）；耻辱（3）；难事（2）；群众（1）；菩萨（18）；白象（17）；猕猴（41）；眷属（24）；家业（4）；蚁子（5）；相师（10）；佛所（57）；王子（23）；偈言（16）；佛塔（13）；树枝（3）；白绢（1）；悔心（4）；竹林（2）；佛法（12）；禀性（2）；主人（13）；六通（1）；山野（1）；雪山（6）；世尊（55）；头脑（1）；寒气（1）；比丘（243）；尸骸（1）；空地（1）；山林（3）；智者（23）；财宝（16）；聚落（18）；火坑

(12)；人间(8)；自然(17)；野田(1)；宾客(1)；宝物(4)；世物(2)；天地(2)；太子(10)；奶酪(1)；楼阁(1)；名誉(1)；恶疮(1)；金山(4)；大海(7)；海水(3)；甘露(1)；水池(2)；宿缘(2)；姨母(2)；世人(5)；愁思(1)；业力(8)；明珠(1)；国法(5)；老公(2)；法师(1)；亲党(2)；天主(1)；工匠(1)；颜色(10)；宝钵(6)；檀越(1)；乳母(2)；西南(1)；金钱(17)；东北(1)；人民(24)；基刹(1)；佛身(2)；滋味(1)；蚊虻(1)；善缘(1)；美食(2)；冤家(1)；华鬘(7)；身体(17)；兵众(3)；善心(8)；徒众(3)；婇女(12)；国事(2)；天上(64)；凡夫(6)；王位(6)；忠臣(1)；佣力(2)；三宝(19)；生命(2)；神人(1)；地道(2)；富贵(6)；刖人(1)；行者(3)；国土(13)；果实(2)；神情(1)；右手(3)；深河(1)；香花(2)；姓名(1)；佛像(1)；实报(1)；商主(14)；天冠(9)；音声(8)；薪草(1)；妓女(1)；妖物(1)；火光(4)；奴婢(2)；丈夫(5)；法服(4)；仆使(1)；金粟(2)；贾客(23)；佛语(17)；清晨(1)；海神(1)；穷人(4)；语言(27)；大士(1)；导师(1)；鬼魅(1)；毒药(3)；明日(11)；东方(2)；道法(2)；左右(9)；神德(2)；龙王(20)；服饰(1)；名德(1)；法言(1)；灾害(3)；库藏(4)；家业(4)；道果(8)；信心(9)；善因(4)；体形(1)；香水(4)；物命(1)；宝瓶(1)；诸天(42)；力士(28)；寿命(7)；女人(35)；光色(4)；琉璃(5)；衣食(5)；浮图(9)；僧坊(10)；毒气(4)；天女(45)；大家(2)；中间(3)；天宫(19)；甘蔗(6)；沙门(32)；日光(1)；屋舍(4)；恒河(5)；门户(3)；恶道(7)；道路(2)；须达(20)；塔寺(12)；弓箭(4)；宫人(2)；节日(2)；华盖(6)；三界(3)；衣物(1)；兄弟(21)；宝珠(2)；僧房(4)；弥勒(11)；重宝(1)；狱卒(6)；德行(2)；淤泥(2)；恶意(9)；辅相(42)；外人(2)；光影(1)；国界(7)；宝箧(2)；夫妇(25)；虚空(17)；水草(8)；道人(29)；百姓(1)；苦语(1)；鹦鹉(22)；未来(9)；时节(2)；恶言(4)；真金(11)；金缕(1)；善语(2)；福田(8)；住处(9)；钱财(14)；妙法(3)；贤人(2)；衣服(12)；苗嫁(1)；亲里(2)；童子(3)；画师(3)；天眼(4)；男儿(5)。

第三章

《杂宝藏经》动词研究

第一节 单音节动词

3.1.1 行为动词

按：义为"用指头压或用手压"，引申为"查考，核对"，出现6次。例如：

（1）母即**按**乳，一乳作二百五十岐，皆入诸子口中。（0452b06）

（2）会值王大夫人亡来七日，王遣使者，**按**行国界，谁有福德？ 应为夫人。（0467c17）

拔：义为"抽取，拔除，使消失"，出现25次。例如：

（1）即便**拔**剑，欲得杀妇。（0448a08）

（2）非但今日，我过去时，亦曾为母，**拔**苦恼事。（0450a29）

捕：义为"捉取、捉拿"，出现6次。例如：

（1）是时田主按行苗行，见诸虫鸟揃谷穗处，瞋恚懊恼，便设罗网，**捕**得鹦鹉。（0449a14）

（2）遣人伺**捕**，尔时鹦鹉，不惊不畏，入**捕**者手。（0485a26）

闭：义为"关、合"，出现12次。例如：

（1）此女形丑，慎莫示人，出则锁门，入则**闭**户，以为常则。（0457b26）

（2）瞿昙沙门，在此国界，若其来者，**闭门**莫开。（0485a09）

敕：义为"告诫，嘱咐"，出现 15 次。例如：

（1）罗摩兄弟，即奉父**敕**，心无结恨，拜辞父母，远入深山。（0447b12）

（2）昔者有一罗汉道人，畜一沙弥，知此沙弥却后七日必当命终，与假归家，至七日头，**敕**使还来。（0468c26）

锄：义为"用锄除草或松土或在田间劳作"，出现 1 次。例如：

（1）母子二人，田中**锄**谷，见一辟支佛，持钵乞食，母语女言："我欲家中取我食分与是快士。"（0453b03）

看：义为"使视线接触人或物"，出现 38 次。例如：

（1）其王闻其声，寻以弓箭，投之于地，便即往**看**，谁作此言？（0448b14）

（2）至夜后分，但闻作乐歌舞之声，便出**看**之。（0497c26）

弹：义为"用器具、手指敲打或拨弄某种物体，使之发生震动"，出现 9 次。例如：

（1）敷着其下，与诸伎女，**弹**琴鼓瑟，以娱乐之。（0456a10）

（2）乃见出家外道住室，有一地孔，中出妇女，与共交通，若女人舞，外道**弹**琴，若外道舞，女人**弹**琴。（0497c26）

瞋：义为"发怒时睁大眼睛"，出现 22 次。例如：

（1）王便大**瞋**，作是言曰："汝都无所得，云何以此生死凡夫，与诸婇女，共一处坐。"（0459a22）

（2）昔有一妇，禀性很戾，不顺礼度，每所云为，常与姑反，得姑**瞋**责，恒怀不分。**瞋**心转盛，规欲杀姑，后作方计，教其夫主，自杀其母。（0493b22）

3.1.2 状态动词

崩：义为"去世、坏"，出现 5 次。例如：

（1）既还国已，父王已**崩**。（0447b15）

（2）出游猎行，见一故塔，毁败**崩坏**，即令群臣共修治之，修治已讫，欢喜还宫，七日安隐。（0469a07）

病：义为"生病"，出现9次。例如：

（1）时小夫人，瞻视王**病**，小得瘳差，自恃如此，见于罗摩绍其父位，心生嫉妒，寻启于王求索先愿……（0447a28）

（2）儿遂长大，端政无比，转觉羸损，如似**病**者。我即问儿病之由状，儿不肯道，为问不止，儿不获已，而语母言……（0492c01）

变：义为"变成、变化、改变"，出现28次。例如：

（1）尔时离越煮草染衣，衣自然**变**作牛皮，染汁**变**成为血，所煮染草**变**成牛肉，所持钵盂**变**成牛头。（0457b02）

（2）时王军王，见父头已，颜色不**变**，知父得道，不贪王位。（0495b11）

备：义为"具备、完备、准备"，出现4次。例如：

（1）得生人中豪贵之处，众事**备**足。（0478a10）

（2）至明日已，供设**备**具，有八道人，来就其食。（0493c06）

达：义为"达到"，出现4次。例如：

（1）夫妇作计，即共将儿，逃奔他国。持七日粮，计应**达**到。（0448a08）

（2）恭敬宿老，有大利益：未曾闻事而得闻解，名称远**达**，智者所敬。（0449a27）。

抱：义为"用手臂将某物围起来"，出现10次。例如：

（1）尔时老母，闻佛索水，自担盥往，既到佛所，放盥着地，直往**抱**佛。（0450b19）

（2）时耶输陀罗，着白净衣，**抱**儿在怀，都不惊怕，面小有垢，于亲党中，**抱**儿而立。（0496c26）

生：义为"生育、出生、产生、发生"，出现321次。例如：

（1）王大夫人，**生**育一子，名曰罗摩。（0447a17）

（2）汝今割肉，与汝父母，**生**悔心不？（0448a24）

产：义为"生产"的意思，引申为"产业"义，出现3次。例如：

（1）若死若活得财**产**,及失财**产**不造恶。（0461c22）

（2）吾当为汝取妇,**产**一子胤,听汝出家。（0483b13）

穿:义为"穿过、贯穿",出现 13 次。例如:

（1）先有长者,将欲嫁女,雇**穿**珠师,**穿**一宝珠,与钱十万。（0470a29）

（2）枭便于夜,知乌眼闇,复啄群乌,开**穿**其肠,亦复啖食。（0498c14）

消:义为"消失、消除、不存在",出现 3 次。例如:

（1）唯汝小龙,常食虾蟇;我若吐气,吹汝眷属,皆使**消**灭。（0461c07）

（2）作是语已,毒气即**消**,平复如故。（0481b02）

3.1.3　心理动词

觉:义为"人或动物的器官对刺激的感受和辨别",出现 25 次。例如:

（1）王便悲泣,而说偈言:"我为斯国王,游猎于此山,但欲射禽兽,不**觉**中害人。"（0448c01）

（2）汝今于我,其恩甚重,汝能**觉**悟佛世尊故,使我得见闻于深法。（0478a20）

怀:义为"心怀,怀念",出现 31 次。例如:

（1）王闻是已,心**怀**懊恼,即与群臣,参议斯事,各自陈谢,称不能别。（0449b07）

（2）佛在王舍城,提婆达多,心常**怀**恶,欲害世尊,乃雇五百善射婆罗门,使持弓箭,诣世尊所,挽弓射佛。（0464b04）

审:义为"审查",出现 10 次。例如:

（1）诸比丘言:"不**审**于过去世拔济贫贱,其事云何?"（0450c07）

（2）王复问言:"不**审**此钵,为自然出,为有从来?"（0491b28）

敬:义为"尊敬",大多构成"恭敬""信敬""敬重"等双音节词,作单音节词出现 6 次。例如:

（1）即往到其所,礼**敬**而问讯,我作是问言:"云何修正道?"（0476c14）

（2）其有不孝父母,不**敬**师长,当加大罪。（0450a15）

悦:义为"愉快",构成"喜悦""踊悦""和悦"等双音节词,作单音节词出现1次。例如:

(1)见其端正,甚适**悦**意,即从梵志,求索此女。(0452c09)

悲:义为"悲伤,怜悯",出现18次。例如:

(1)王便**悲**泣,而说偈言:"我为斯国王,游猎于此山,但欲射禽兽,不觉中害人。"(0448c01)

(2)昔恶生王,为行残暴,无**悲**愍心,邪见炽盛。如来大**悲**,遣诸弟子,遍化诸国。(0489b21)

3.1.4 比况动词

如:和"来"组成专有名词"如来"62次,其余415次均表"像"义,其后常与"此""是"相接,表示"像这样"之意。例如:

(1)常置革屣于御坐上,日夕朝拜问讯之义,**如**兄无异。(0447c02)

(2)世尊出世,甚奇甚特!**如**是长者子,能安立使得阿练若处,得阿罗汉道,具六神通?(0454b16)

若:6次与"如"相似,后接"此",表"像这样"之意。其余均作连词"如果"之意,出现226次。例如:

(1)汝作何福业,身如融真金,光色如莲花,而有大威德?身出妙光明,面**若**开敷华,金色晃然照,以何业行得?(0470a29)

(2)诸比丘言:"云何如来慈心**若**此,提婆达多,反更恶骂?"(0456c15)

以上句中"若"义同"如",作"像"讲。

(3)谁解此者?**若**有解者,欲求何事,皆满所愿。(0455c11)

(4)**若**作贼者,捉得当杀。(0482a17)

以上句中,"若"作"如果"义。

犹:常与"如"搭配,后接宾语,出现56次。例如:

(1)汝昔作何福,而得生天中,威德甚光明,**犹**如真金色?(0470b21)

（2）此身**犹**如车,好恶无所择,香油及臭脂,等同于调利。(0486b14)

似:出现18次。例如:

（1）一切狡猾诡伪诈惑,外状**似**直,内怀奸欺,是故智者,应察真伪。
(0497b29)

（2）昔波斯匿王有女,名曰赖提,有十八丑,都不**似**人,见皆恐怕。
(0457b26)

譬:常与"如"共现,出现14次。例如:

（1）**譬**如压沙责油、攒冰求酥,既不可得,徒自劳苦。(0493c06)

（2）时耶输陀罗,见火坑已,方大惊怖,**譬**如野鹿,独在围中四向顾
望,无可恃怙。(0497a17)

3.1.5 称谓动词

名:出现156次。例如:

（1）有国**名**南方山,佛欲往彼国,于中路至一聚落宿。(0455a04)

（2）过去久远,有国**名**弃老,彼国土中,有老人者,皆远驱弃。
(0449b03)

字:出现8次。例如:

（1）时月氏国有王,名栴檀罽尼咤,与三智人,以为亲友,第一名马鸣
菩萨,第二大臣,**字**摩咤罗,第三良医,**字**遮罗迦,如此三人,王所亲善,待
遇隆厚,进止左右。(0484b16)

（2）昔有尊者阿罗汉,**字**祇夜多,佛时去世,七百年后,出罽宾国。
(0483a20)

曰:出现63次。例如:

（1）昔人寿万岁时,有一王,号**曰**十奢,王阎浮提。(0447a17)

（2）昔有比丘,名**曰**驼骠,有大力士力。(0457a06)

谓:出现28次。例如:

（1）尔时山中,光明照曜,近彼仙人,皆**谓**火光。(0476a28)

（2）净饭王当于尔时,在楼阁上,见此大地六种震动奇异相现,白净王见是相已,**谓**菩萨死,忧箭入心,生大苦恼。（0496b29）

称:读"chēng",出现 15 次。例如:

（1）我闻此山中有仙人,名睒摩迦,慈仁孝顺,养盲父母,举世**称**叹。（0448b14）

（2）国人皆**称**,有一好妇,担一刖婿,恭承孝顺,乃闻于王。（0458c25）

号:作称谓动词,读"hào",出现 2 次。例如:

（1）昔人寿万岁时,有一王,**号**曰十奢,王阎浮提。（0447a17）

（2）于其后日复放大赦,即**号**为尸婆具沙夫人。（0490a26）

3.1.6　存现动词

在:出现 230 次。例如:

（1）时王遇患,命**在**危惙,即立太子罗摩,代己为王。（0447a25）

（2）王即问言:"以何业缘,**在**于狱中,受苦经年?"（0457b19）

存:出现 9 次。例如:

（1）然婆罗陀,素与二兄,和睦恭顺,深**存**敬让。（0447b15）

（2）昔有婆罗门,其妇少壮,姿容艳美,欲情深重,志**存**淫荡,以有姑在,不得遂意,密作奸谋,欲伤害姑。（0498b06）

有:出现 668 次。例如:

（1）乃往过去,**有**大国王,统领国土。（0447c26）

（2）昔迦尸国王土界之中,**有**一大山,中有仙人名睒摩迦。（0448b07）

无:出现 340 次。例如:

（1）以此忠孝因缘故,风雨以时,五谷丰熟,人**无**疾疫。（0447c15）

（2）我由拔母,世世**无**难,自致成佛。（0450b12）

属:出现 7 次。例如:

（1）世尊,以何因缘,系**属**于他,复以何缘,得阿罗汉?（0450b29）

（2）见此箧来,而作是言:"此箧**属**我。"（0452a08）

3.1.7　判断动词

是：出现 386 次。例如：

（1）尔时父者，我身**是**也。尔时臣者，舍利弗**是**。尔时王者，阿阇世**是**。（0450a19）

（2）时有二道，一**是**水道，一**是**陆道。（0451a14）

为：出现 499 次。例如：

（1）我**为**斯国王，游猎于此山，但欲射禽兽，不觉中害人。（0448c01）

（2）过去劫时，舍利弗、目连等，曾**为**凡夫。（0461b04）

3.1.8　能愿动词

共 12 个，分为三类。一是可能类，包括"能""得""可"3 个。如下：

能：出现 219 次。例如：

(1) 天神又复问言："以一掬水，多于大海，谁**能**知之？"（0449b25）

(2) 非但今日**能**得安立，乃于往昔，已曾安立。（0454b19）

得：出现 147 次。例如：

（1）由是因缘，今**得**见谛，获须陀洹道。（0455b05）

（2）此女先世，作何福业，**得**生王家，身有光明？（0458b18）

可：出现 101 次。例如：

（1）乌提延王恐怖而言："一力士尚不**可**当，何况五百力士？"（0452a21）

（2）凡一切法，于**可**求处，若以方便，**可**得；若不**可**求，虽欲强得，都不**可**获。（0493c06）

二是意愿类，包括"欲""愿""敢""肯"4 个。如下：

欲：出现 268 次。例如：

（1）我为斯国王，游猎于此山，但**欲**射禽兽，不觉中害人。（0448c01）

（2）乌耆延王，岁常贡献梵豫王，集诸献物，遣使**欲**去。（0453a07）

愿：出现 63 次。例如：

（1）唯**愿**世尊！为我说彼生梵天法。（0477a16）

（2）不审往昔生死之苦，其事云何？**愿**欲闻之。（0484a01）

敢：出现 23 次。例如：

（1）臣答王言："非臣之智，愿施无畏，乃**敢**具陈。"（0450a07）

（2）王言："彼欺凌我。"象言："听我使往，令彼怨敌不**敢**欺侮。"（0456b04）

肯：出现 11 次。例如：

（1）阿练比丘不**肯**受之，殷勤强与，然后乃受。（0460b28）

（2）夫疑有奸，不**肯**延致。（0497b29）

三是应当类，包括"当""应""宜""须"4 个。如下：

当：出现 179 次。例如：

（1）诸比丘**当**知！于父母所，少作不善，获大苦报。（0451c06）

（2）汝等**当**知！尔时白象者，我身是也。（0454b08）

应：出现 72 次。例如：

（1）持七日粮，计**应**达到。（0448a08）

（2）王遣使者，按行国界，谁有福德？**应**为夫人。（0467c17）

宜：出现 16 次。例如：

（1）兄复让言："父先与弟，我不**宜**取。"（0447c09）

（2）已为怨憎，不可救解，终相诛灭，势不两全，**宜**作方便殄灭诸枭，然后我等可得欢乐，若其不尔，终为所败。（0498c14）

须：出现 6 次。例如：

（1）欲设大祀，**须**得此女，暂还放来，后当更遣。（0486b14）

（2）**须**我心者，欲得我智；**须**我血者，欲得我法。（0487c28）

其他单音节动词：按（3）；爱（2）；熬（1）；白（171）；怖（33）；变（28）；拔（25）；悲（22）；谤（21）；报（19）；避（17）；闭（12）；抱（10）；别（9）；病（9）；逼（8）；捕（6）；鄙（6）；补（6）；罢（5）；败（5）；崩（5）；拜（4）；备（4）；背（4）；辩（2）；摈（1）；躄（1）；出（222）；从（117）；除（49）；持（39）；盛

（36）；成（34）；乘（31）；惭（26）；瞋（22）；采（17）；称（15）；敕（15）；愁（14）；藏（13）；穿（13）；处（11）；触（11）；察（9）；存（9）；承（8）；垂（8）；耻（8）；唱（7）；祠（7）；陈（6）；辞（6）；偿（4）；彻（4）；炊（4）；吹（4）；产（3）；参（3）；缠（3）；赐（3）；刺（3）；嗤（2）；锄（1）；裁（1）；摧（1）；搥（1）；当（198）；得（176）；到（90）；毒（43）；堕（41）；打（40）；定（36）；断（35）；动（25）；度（21）；待（16）；担（16）；妒（14）；渡（12）；啖（11）；代（11）；夺（10）；戴（6）；对（6）；达（4）；登（4）；读（4）；盗（2）；䁕（2）；跌（2）；顿（2）；蹈（1）；捣（1）；抵（1）；赌（1）；饿（14）；复（263）；非（93）；发（61）；分（44）；奉（40）；放（36）；富（30）；伏（23）；反（15）；返（15）；飞（15）；忿（14）；罚（11）；伐（10）；覆（10）；负（10）；服（9）；付（7）；缚（7）；废（6）；焚（6）；封（6）；逢（6）；附（4）；吠（2）；赴（2）；翻（1）；缝（1）；敷（1）；扶（1）；供（163）；共（145）；过（117）；归（55）；告（49）；观（35）；怪（27）；敢（23）；感（23）；给（17）；贡（11）；垢（10）；雇（10）；割（9）；鼓（6）；改（4）；耕（4）；顾（4）；跪（3）；裹（2）；还（168）；获（99）；害（73）；化（49）；悔（48）；怀（37）；恚（36）；和（32）；护（29）；患（26）；唤（24）；毁（23）；会（21）；坏（20）；恨（11）；合（18）；惑（17）；好（16）；寒（9）；回（7）；画（5）；号（2）；惶（2）；见（356）；将（125）；敬（91）；尽（81）；净（53）；具（52）；经（49）；集（45）；教（45）；聚（42）；加（30）；举（29）；劫（28）；进（28）；觉（28）；解（25）；济（23）；计（22）；近（22）；绝（21）；惊（20）；嫉（18）；救（17）；降（16）；积（15）；饥（15）；结（15）；惧（15）；赍（12）；犍（12）；谏（11）；系（10）；剧（10）；假（8）；减（8）；截（8）；掘（7）；驾（6）；嫁（5）；接（5）；汲（4）；捡（4）；兼（4）；绞（4）；寄（3）；及（3）；监（3）；掬（3）；击（2）；继（2）；剪（2）；诘（2）；诫（2）；拒（2）；揃（1）；倦（1）；叫（1）；可（101）；看（38）；恐（26）；愧（24）；开（23）；困（21）；渴（12）；肯（11）；诳（11）；堪（9）；哭（9）；枯（4）；欬（2）；拷（1）；溃（1）；来（380）；乐（107）；令（73）；礼（58）；离（53）；量（41）；落（30）；立（34）；流（17）；怜（15）；领（11）；论（11）；烂（10）；赖（8）；留（8）；漏（8）；乱（8）；露（3）；虑（3）；恪（2）；励（2）；列

（2）；履（2）；撩（2）；裸（2）；疗（1）；戾（2）；沥（1）；连（1）；名（156）；灭（87）；满（61）；面（35）；盲（29）；骂（26）；募（26）；愍（24）；默（21）；卖（18）；梦（17）；免（14）；没（11）；觅（10）；蒙（10）；磨（8）；牧（8）；鸣（7）；贸（6）；眠（5）；冥（4）；命（3）；埋（3）；谋（3）；瞒（2）；慕（2）；泯（1）；能（219）；念（116）；弄（6）；怒（6）；溺（1）；啮（1）；破（28）；譬（14）；拍（3）；叛（1）；排（1）；漂（3）；扑（1）；去（208）；取（111）；求（91）；遣（71）；请（62）；乞（53）；却（39）；弃（29）；起（28）；劝（23）；讫（22）；轻（16）；奇（14）；驱（13）；启（9）；强（9）；驵（7）；慊（6）；娶（6）；侵（4）；擎（4）；屈（5）；齐（3）；全（3）；契（3）；倩（2）；怯（2）；稽（2）；如（477）；然（121）；入（112）；忍（44）；容（17）；辱（17）；绕（13）；让（7）；若（6）；饶（4）；是（418）；生（321）；食（273）；身（269）；舍（221）；上（211）；说（193）；受（162）；使（165）；事（156）；善（154）；施（117）；释（111）；杀（101）；死（95）；少（87）；胜（57）；索（51）；识（44）；设（38）；思（35）；随（35）；数（34）；宿（33）；失（29）；顺（28）；烧（28）；送（23）；适（21）；似（18）；伤（16）；散（15）；示（15）；散（15）；慎（13）；扫（12）；守（11）；审（11）；衰（11）；射（10）；誓（10）；升（10）；损（9）；私（9）；授（8）；熟（8）；视（8）；赏（7）；属（7）；试（6）；伺（6）；恃（6）；睡（5）；肆（5）；摄（4）；洒（3）；绍（3）；嗣（3）；诵（3）；舐（2）；拾（2）；涉（2）；竖（2）；饲（2）；俟（2）；苏（2）；锁（2）；赦（1）；慑（1）；嗜（1）；听（78）；叹（34）；通（33）；贪（32）；脱（22）；投（20）；推（18）；团（18）；涂（13）；痛（12）；停（10）；弹（9）；蹋（6）；退（5）；吐（4）；唾（4）；腾（3）；题（3）；偷（3）；吞（3）；蹹（2）；惕（2）；托（2）；驮（2）；踏（1）；跳（1）；为（499）；无（340）；问（260）；闻（243）；往（184）；畏（34）；惟（29）；谓（28）；望（16）；违（13）；悟（13）；挽（9）；妄（9）；卧（7）；亡（6）；危（6）；围（5）；忘（2）；委（2）；呜（2）；寤（2）；喜（141）；行（180）；向（104）；下（100）；修（100）；信（83）；孝（55）；现（47）；学（32）；许（23）；献（22）；息（18）；畜（14）；嫌（13）；系（10）；习（10）；洗（7）；宣（7）；羡（6）；兴（6）；须（6）；衔（5）；陷（5）；消（3）；徙（2）；效（2）；享（2）；挟（2）；

恤(2);续(2);憘(1);泻(1);羞(1);言(1214);于(677);有(668);以(652);语(335);欲(268);已(266);与(252);养(196);用(113);应(72);愿(63);曰(63);饮(56);犹(56);延(54);疑(44);忧(41);依(39);怨(35);诣(35);益(23);雨(23);遇(22);迎(19);踊(18);厌(17);宜(16);忆(15);淫(14);隐(14);悦(14);刖(13);育(12);移(8);浴(8);约(8);殃(6);议(6);营(6);喻(6);咽(5);验(4);佣(4);遗(4);溢(4);盈(4);压(3);痒(3);役(3);刘(3);引(3);愈(3);逾(3);御(2);偃(1);堰(1);噎(1);援(1);作(470);自(266);至(240);在(230);知(155);尊(120);着(107);终(94);重(80);住(61);坐(56);值(45);转(45);造(43);捉(43);支(34);止(32);遮(25);直(25);净(23);增(22);证(21);掷(20);执(20);治(19);赞(18);责(17);逐(16);载(16);置(15);走(15);指(13);诈(12);字(11);遭(8);醉(9);照(9);煮(8);足(8);占(7);制(7);斫(6);肿(5);斩(4);战(4);张(4);殖(4);诛(4);嘱(4);啄(4);长(3);招(3);谪(3);著(3);坠(3);佐(3);召(2);择(2);椎(2);凿(1);攒(1);枕(1);整(1);炙(1);拄(1);遵(1)。

第二节　双音节动词

3.2.1　动作行为

救济:义为"用金钱或财物帮助生活困难的人",出现5次。例如:

(1)便白佛言:"世尊！愿见**救济**。"(0455a04)

(2)我为龙时,尚能慈心,数数**救济**,况于今日,而当不慈。(0463c18)

游戏:义为"游乐,玩耍",出现8次。例如:

(1)舍卫国中,有长者子,共诸长者子,**游戏**园中。(0475b09)

（2）时王出军，**游戏**回还，于其路次，而见尊者迦栴延，端坐静处，坐禅入定。（0495c23）

施与：义为"用财物帮助别人"，出现 5 次。例如：

（1）本为人时，于祇洹门，作种种浆，**施与**一切，佛亦自受。（0482b16）

（2）瓦师寻以五器，皆盛满水，欢喜**施与**。（0491b09）

付与：义为"给予别人东西"，出现 3 次。例如：

（1）王即以女善光**付与**穷人。（0458a23）

（2）捉此恶意，**付与**斯那，仰使断之。（0464c13）

修习：义为"修行，练习"，出现 6 次。例如：

（1）若欲说法咒愿，当解时宜，应**修习**布施，持戒，忍辱，精进，禅定，智慧，忧悲喜乐，宜知是时及以非时，不得妄说。（0480b21）

（2）婆罗门欢喜，求与仙人而作弟子，**修习**其法，亦得五通。（0488b12）

修行：义为"修炼"，佛教认为，修行可以让教徒找到智慧，看到生命的真谛，达到人生圆满的状态，出现 10 次。例如：

（1）比丘能**修行**正道分，实自因此三事增长。（0477b20）

（2）惟念如是，宜应慈心普育一切，**修行**正法，作诸功德。（0488c26）

教授：义为"传授知识"，出现 3 次。例如：

（1）白老者言："愿**教授**我修五神通。"（0465c01）

（2）既蒙**教授**，寻即读诵，极令通利，作是思惟："我当何时，次第及我，得为上座，用此咒愿?"（0479c16）

娱乐：义为"欢愉快乐"，出现 2 次。例如：

（1）与诸伎女，弹琴鼓瑟，以**娱乐**之。（0456a10）

（2）佛复将至忉利天上，遍诸天宫，而共观看，见诸天子，与诸天女，共相**娱乐**。（0485c12）

受持：了解并记住佛经意义和道理称作"受"，了解后难以忘记，进而运用到日常生活中叫作"持"，出现 14 次。例如：

（1）此诸人民，迦叶佛时，**受持**五戒，由是因缘，今得见谛，获须陀洹

道。(0455b05)

(2)尔时复有一天女，**受持**八斋，生于天上，得端政报，光颜威相，与众超异。(0472b01)

布施：义为"将金钱、实物布散分享给别人"，出现 16 次。例如：

(1)王舍城有大长者，新造屋舍，请佛供养，即以**布施**。(0474b27)

(2)五百生中，恒为我母，悭贪嫉妒，遮我**布施**，以是因缘，常生贫贱。(0450c02)

沐浴：义为"洗澡"，后引申为"承受恩惠和润泽"，出现 1 次。例如：

(1)即以香汤**沐浴**，与夫人衣服，不大不小与身相称，千乘万骑，左右导从，将来至宫。(0467c17)

拔擢：义为"提拔"，出现 1 次。例如：

(1)我先斯贱，王见**拔擢**，得为人次，听我报彼众僧之恩。(0467c17)

教化：义为"教育感化"，出现 6 次。例如：

(1)夜儿达多，渐作方便，**教化**诸仙。(0482a05)

(2)尔时王军王，统临国已，信用谗佞，不恤国事，优陀羡王，愍念其子并及国人，欲来**教化**劝令修善。(0495b11)

教导：义为"教育指导"，出现 3 次。例如：

(1)须达长者，尚能劝化一切人民，作诸福业，我今亦当为众生故，**教导**乞索，令其得福。(0482c06)

清净：义为"清洁纯净"，比喻人的心境干净纯洁，不受外界干扰，出现 14 次。例如：

(1)若有人能信心**清净**，以一掬水，施于佛僧及以父母、困厄病人，以此功德，数千万劫，受福无穷。(0449b27)

(2)此处**清净**，远离诸恶，阿练若处，安隐坐禅，当今佛边，多饶尊胜诸天侧塞，满其左右。(0476a28)

戏弄：义为"捉弄，开玩笑"，出现 1 次。例如：

(1)诸少比丘，闻其此言，咸皆谢悔先**戏弄**罪。(0494a23)

顶礼：佛教徒对佛、菩萨等施行的最高敬礼。行礼者跪下，两手伏地，用头来顶着所尊敬人的脚，要清净、真诚，即俗话中经常说的"五体投地"，出现 4 次。例如：

（1）即至佛所，**顶礼**佛足，在一面立，（0476c02）

（2）时栴陀罗，既受募已，到父王所，头面**顶礼**。（0495b11）

坐禅：义为"排除一切杂念，静坐修行"，源于印度，又称"打坐"，出现 5 次。例如：

（1）昔罽宾国，有离越阿罗汉，山中**坐禅**。（0457b02）

（2）时王出军，游戏回还，于其路次，而见尊者迦栴延，端坐静处，**坐禅**入定。（0495c23）

还俗：义为"僧尼或者出家的道士还原为普通人身份"，出现 2 次。例如：

（1）即欲罢道还归于家，即向和上迦栴延所，辞欲**还俗**。（0459b08）

（2）昔舍卫国有人，使子出家事佛，佛即度之，恒使扫地，不堪辛苦，罢道**还俗**。（0483a08）

杀生：义为"杀害生灵"，出现 3 次。例如：

（1）我既不食，何用**杀生**而祠我为？（0461c07）

（2）时有罗汉，遇到乞食，见其亡父受于羊身，即借主人道眼，令自观察，乃知是父，心怀懊恼，即坏树神，悔过修福，不复**杀生**。（0492b15）

弹指：义为"弹动手指"，比喻时间短暂，出现 1 次。例如：

（1）时尊者祇夜多，最后往至到龙池所，三**弹指**言："龙！汝今出去，不得此住。"（0483a20）

生天：义为"生于天界"，古印度自古有生天思想，认为当世积德行善，死后定能进入天界乐土，出现 135 次。例如：

（1）比丘问言："以何业行，得**生天**上，威德如此？"（0482b15）

（2）比丘问言："往作何业，今得**生天**？"（0483a03）

3.2.2　心理动词

惆怅：义为"伤感，失意"，出现 3 次。例如：

（1）弟知兄意终不可回，寻即从兄，索得革屣，**惆怅**懊恼，赍还归国，统摄国政。（0447c02）

（2）时摩诃罗，还寺**惆怅**，作是念言："今舍利弗，所以得者，正由咒愿适长者意，故获是施。"（0479c16）

信敬：义为"信奉敬重"，出现 7 次。例如：

（1）世间有人，**信敬**三宝，孝顺父母，好施、忍辱、精进、持戒，得生天上，端政殊特，过于汝身，百千万倍，以此方之，如瞎猕猴。（0449c23）

（2）王见婆罗门等于饮食中心生喜怒，于迦栴延，倍生**信敬**。（0489c25）

怨恶：义为"怨恨憎恶"，出现 4 次。例如：

（1）昔舍卫国，有兄弟二人，恒喜斗诤，更相**怨恶**，便共诣王，欲求断决。（0482c28）

（2）众鸟雠我，不得生活，故来相投，以避**怨恶**。（0498c14）

忏悔：佛教徒半月进行一次集体诵戒，给犯戒者认错悔改的机会，后来引申为"认识了错误或罪过而感到痛心"，出现 16 次。例如：

（1）诸比丘疑怪问佛："此贤比丘尼，何以故从出家以来不见佛？今日得见佛**忏悔**，有何因缘？"（0454a04）

（2）乃往过去若干劫，时于其国内，有长者女，住于楼上，清朝洒扫，除弃扫粪置比丘头，不知**忏悔**。（0496a16）

忏谢：义同"忏悔"，出现 2 次。例如：

（1）即如仙人言，还来**忏谢**莲华夫人。（0452a21）

（2）共**忏谢**已庄严夫人，着好衣服，乘大白象，着军阵前。（0452b06）

3.2.3　存现动词

驱弃：义为"驱逐，放弃"，出现 1 次。例如：

（1）有老人者，皆远**驱弃**。（0449b03）

驱遣：义同"驱弃"，出现 1 次。例如：

（1）时有二千阿罗汉，各尽神力，**驱遣**此龙，令出国界。（0483a20）

显现：义为"显现，显露，呈现"，出现 3 次。例如：

（1）尽共合和至心听，极善清净心数法，菩萨本缘所说事，今佛**显现**故昔偈。（0461c22）

（2）多所利益，**显现**此义。（0478a26）

消除：义为"除去"，出现 2 次。例如：

（1）于过去世中，能作实语，**消除**我病，于今现世，亦以实言而愈我病。（0481b02）

（2）世间有毒，不过三毒，我尚**消除**，有何小毒能中伤我？（0487c18）

增长：义为"增加"，出现 8 次。例如：

（1）我昔从宿旧所闻，如来阿罗诃三藐三佛陀出现世间，诸天众**增长**，阿须伦众减少。（0476c14）

（2）实尔，天中天！我等闻此义，疑网即除。比丘能修行正道分，实自因此三事**增长**。（0477b20）

3.2.4　趋向动词

出去：出现 7 次。例如：

（1）即共穷人，相将**出去**。（0458a23）

（2）阿难闻已，极生瞋恚，驱提婆达多令**出去**，而语之曰："汝若更来，我能使汝得大苦恼。"（0461c01）

往至：义为"来到，前往"，出现 22 次。例如：

（1）于是，王将盲父母**往至**睒摩迦边。（0448c12）

（2）佛在王舍城，提婆达多，**往至**佛所，恶口骂詈。（0461c01）

来至：义同"往至"，出现 25 次。例如：

（1）其主**来至**，头面礼佛，却住而立。（0450b24）

（2）尔时此天，持好华盖，**来至**佛所。（0472b19）

驱出：义为"驱跑，赶走"，出现 5 次。例如：

（1）有兄弟二人，被**驱出**国。（0458c08）

（2）其父不听，代其使役，强**驱出**家，遂便欢喜。（0483a15）

其他双音节动词：展转（1）；匍匐（1）；瞻仰（1）；寻启（1）；统摄（1）；统领（2）；启白（1）；供养（61）；杀害（3）；奉事（6）；逃奔（2）；震动（2）；拥护（5）；赞叹（3）；安置（4）；游猎（7）；号啕（3）；体信（1）；吝惜（4）；疑怪（3）；悼慨（1）；慰喻（2）；怨害（5）；憎嫉（2）；感念（2）；懊恼（11）；化作（10）；长大（10）；消灭（3）；倍增（2）；出现（2）；损减（2）；滋长（1）；丧亡（1）；系属（1）；悌仰（1）；忍受（2）；流堕（1）；迎取（1）；发引（1）；劫夺（2）；商估（2）；游行（2）；应答（1）；冒犯（1）；采取（1）；震动（2）；孝敬（1）；推让（1）；朝拜（1）；消化（2）；舍去（4）；除舍（1）；解取（2）；弃舍（1）；流布（4）；收闭（1）；存活（2）；断绝（5）；灭除（3）；还归（12）；消除（2）；覆灭（2）；覆没（1）；舍弃（1）；诛灭（1）；折损（1）；前进（10）；烧灭（1）；用尽（3）；变成（6）；死尽（2）；增长（9）；减少（1）；放大（3）；破尽（2）；充足（5）；决疑（1）；诬谤（1）；谤毁（2）；讥毁（1）；亲善（6）；欺诳（3）；怜愍（14）；憎嫉（2）；厌患（2）；瞋骂（1）；诱诳（2）；满足（10）；亲近（7）；涕泣（1）；忆念（2）；敬念（1）；安慰（1）；惊怪（3）；欢喜（119）；信悟（2）；恋慕（2）；贪嫉（11）；爱憎（3）；憎爱（4）；惊怖（8）；厌恶（7）；愤闹（2）；怨恶（4）；惭愧（18）；解悟（3）；惊怕（3）；贪惜（1）；畏惧（4）；劝谏（3）；叹惋（1）；感伤（1）；忧愁（3）；开悟（2）；慎护（1）；嗤笑（1）；悔责（3）；克责（1）；谛视（1）；疑念（1）；渴仰（3）；叹美（1）；感恩（1）；报恩（5）；怀疑（2）；削割（1）；解知（1）；欺凌（1）；欺侮（1）；追逐（2）；堕落（2）；集会（3）；付与（2）；迎接（2）；憩息（1）；睡眠（1）；出迎（3）；拷楚（1）；出去（9）；请求（1）；焚烧（3）；毁害（2）；毁伤（2）；赎取（1）；受持（15）；遮护（1）；负载（1）；中伤（2）；平复（5）；付嘱（1）；随从（2）；伤害（3）；获得（6）；掷弃（1）；供给（11）；推举（1）；啼哭（4）；赏封（1）；漂流（1）；修治（4）；愿言（7）；愿示（1）；募索（1）；耕种（1）；望求（1）；责数（1）；飞腾（2）；造作（9）；归依（17）；恭敬（41）；执持（2）；观察（5）；料理

(3);交会(1);逼塞(1);解脱(11);经行(5);造立(3);瞻仰(1);驰奔(1);饮食(35);退转(1);调戏(9);济拔(3);读诵(1);鞞麾(1);遭罗(1);真实(9);分别(5);生死(18);生活(12);求觅(2);计数(2);证知(1);颠倒(2);归伏(2);破坏(4);逃避(2);逢见(1);随顺(2);断绝(6);停住(4);护持(1);流浪(1);往造(1);敬伏(1);待接(1);迎接(2);救济(3);信敬(3);游戏(6);修习(4);教授(3);娱乐(2);施与(3);受持(9);布施(4);教化(5);克获(1);修造(1);漏泄(1);越度(1);征伐(2);杀戮(1);观看(1);经历(5);聚集(6);休息(3);绥化(1);尊重(3);奉献(1);交戏(1);劈裂(1);咨询(1);劳苦(1);赏赐(1);滞塞(1);洒扫(2);爱敬(6);恩爱(1);绞结(1);统临(1);恩遇(1);迭互(1);染污(1);毁辱(2);掷置(1);顾望(1);呵责(1);充塞(2);捉取(1);核实(1);寻逐(3);拓集(1);设计(2);独往(1);普告(2);孝养(8);逆害(1);具陈(4);围捕(1);佣作(1);奉行(3);公事(1);怀抱(1);远离(9);礼拜(13);并立(1);跪请(1);分居(3);私通(1);垂死(2);重闻(1);奉修(4);微笑(3);小出(1);高飞(1);云集(1);并命(4);深信(2);笃信(1);悲鸣(1);往至(23);调顺(4);毁坏(1);充满(2);养活(3);驱出(5);闷绝(2);拾得(2);索作(1);还来(9);来至(27);遍满(2);加害(6);问讯(10);负荷(1);违命(1);兴军(1);作礼(8);出家(82);投趣(1);受苦(10);背思(8);学道(10);现身(4);应募(2);断语(13);隐身(1);作恶(8);修福(8);续命(1);征导(4);获报(17);合掌(6);流泪(3);受生(1);舍身(9);受身(7);行水(1);消毒(1);作征(4);使役(1);稽首(2);积德(1);导首(1);剃发(9);顺风(1);受戒(3);悔过(2);闭目(1);自恃(1);自劝(1);自出(5);自识(2);自知(9);自扑(1);乳哺(1);自落(3);自话(9);轮转(1);自责(2);自堕(1);心急(1);教导(1);清净(14);戏弄(2);笃信(1);顶礼(5);坐禅(6);还俗(3);杀生(5);弹指(2);生天(135);惆怅(3);忏悔(27);忏谢(2);思量(1);显现(3);驱弃(1);驱遣(1)。

第四章

《杂宝藏经》形容词研究

第一节　单音节形容词

4.1.1　状态形容词

老:出现 42 次,例如:

(1)**老**婆罗门见偷已物,叹惋彼人,又自感伤。(0497c26)

(2)父母年**老**,而眼俱盲,常取好果鲜花美水,以养父母,安置闲静无怖畏处。(0448b07)

弱:出现 2 次。例如:

(1)由吾老**弱**,不能多负,语汝使来,恣意当与。(0498b06)

(2)怨敌力胜自赢**弱**,亲友既少无所怙,自察如是默然乐。(0461c22)

少:出现 41 次。例如:

(1)如往昔时,有老比丘,年已朽迈,神情昏塞,见诸年**少**比丘,种种说法,闻说四果,心生羡尚。(0494a23)

(2)儿恒佣作,以供养母,得**少**钱财,且支旦夕。(0450c08)

小:出现 56 次。例如:

（1）见一小儿，有盲父母，乞索得食，好者供养父母，麁者便自食之。（0447c19）

（2）昔干陀卫国，有一屠儿，将五百头小牛，尽欲刑犍。（0459c25）

悲：出现18次。例如：

（1）如来大悲，遣诸弟子，遍化诸国，迦栴延者，即是恶生王国婆罗门种，佛寻遣迦栴延，还化其国王，并及人民。（0489b21）

（2）释提桓因，即将其子并其父母，使得一处，见彼国王，心大悲喜，愍其至孝，叹未曾有，即给军众，还复本国。（0448a29）

乐：出现63次。例如：

（1）乌提延王，从萨躭菩王常索贡献，萨躭菩王闻索贡献，愁忧不乐。（0452a14）

（2）我以上妙香，供养最胜尊，得无等威德，生三十三天，而受大快乐。（0474c26）

喜：出现104次。例如：

（1）释提桓因，即将其子并其父母，使得一处，见彼国王，心大悲喜，愍其至孝，叹未曾有，即给军众，还复本国。（0448a29）

（2）王即叹美，心生喜悦，奉养臣父，尊以为师，济我国家一切人命，如此利益，非我所知。（0450a15）

怒：出现6次。例如：

（1）一切众生，皆有三火：贪欲、瞋怒、愚痴之火。（0455a08）

（2）王见婆罗门等于饮食中心生喜怒，于迦栴延，倍生信敬。（0489c25）

长：出现132次，其中，读chánɡ，作"距离大"义出现3次；读zhǎnɡ，作"年龄大"义出现129次。例如：

（1）世尊长夜，慈心怜愍，柔软共语。（0463c16）

（2）尔时五百仙人者，今长老等五百比丘是也。（0461b26）

短：出现4次。例如：

（1）寻即放象还父母所，供养父母，随寿长**短**，父母丧亡，还来王所。
（0456a10）

（2）相师占之，福德具足，唯有**短**寿命。（0469a24）

高：出现 11 次。例如：

（1）沙弥辞师，即便归去，于其道中，见众蚁子，随水漂流，命将欲绝，生慈悲心，自脱袈裟，盛土堰水，而取蚁子，置**高**燥处，遂悉得活。
（0468c26）

（2）时梵摩达王，游猎而行，见鹿饮水，挽弓射之，药箭误中睒摩迦身，被毒箭已，**高**声唱言……（0448b12）

低：出现 1 次。例如：

（1）在于树下，徐行**低**视，而语鸡言……（0465a15）

薄：出现 5 次。例如：

（1）弥多比丘，自**薄**福德，当次会处，饮食粗恶。（0457a06）

（2）今我母子，**薄**于佑助，无过受苦，云何菩萨不见留意？（0497a17）

厚：出现 11 次。例如：

（1）即募国界：谁能别者，**厚**加爵赏。（0449b07）

（2）祖白净王，爱重深**厚**，不见罗睺罗，终不能食。（0497b10）

浅：出现 2 次。例如：

（1）置象船上，着大池中，画水齐船深**浅**几许。（0449b22）

（2）臣等斯下，智慧愚**浅**，窃生妄解，谓所行来道。（0484a12）

深：出现 54 次。例如：

（1）罗摩兄弟，即奉父敕，心无结恨，拜辞父母，远入**深**山。
（0447b12）

（2）有一**深**林，名贪庄严，逃避利养，往至林中。（0481c17）

远：出现 42 次。例如：

（1）时十奢王，即徙二子，**远**置深山，经十二年，乃听还国。（0447b12）

（2）过去久**远**，有二国王，一是迦尸国王，二是比提酰国王。（0456a10）

近:出现 19 次。例如:

(1)今作此声,弦管相谐,汝于**近**远而造歌颂。(0476b18)

(2)汝父远去,身死不还,汝莫远去,当于**近**处,在市坐肆。(0475c21)

早:出现 7 次。例如:

(1)南天竺法,家有童女,必使**早**起,净扫庭中门户左右。(0474b15)

(2)昔佛在世时,有长者子,**早**丧父母,孤穷伶俜,客作自活。(0469b08)

晚:出现 4 次。例如:

(1)夫人心急,七日向满,为王所害,惧其来**晚**。(0490b28)

(2)长者子食竟,自来还归,语其妇言:"今日送食何为极**晚**?"(0475b09)

轻:出现 9 次。例如:

(1)是以智者,当慎诽谤,莫**轻**言说。(0457a06)

(2)怪哉大恶耶输陀罗,不虑是非,**轻**有所作,不自爱慎,令我举宫都被染污。(0496b13)

重:出现 59 次,其中,读 chóng,作"重复"义出现 8 次;读 zhòng,作"重要,重视"义出现 51 次。例如:

(1)尊者舍利弗、目连等,为他**重**谤?(0461b03)

(2)汝今于我,其恩甚**重**。(0478a20)

快:出现 22 次。例如:

(1)汝昔于阎浮提,日以二钱,供养于母,故得琉璃城,四如意珠,及四玉女,四万岁中,受其**快**乐。(0451b18)

(2)佛告天曰:"汝生天上,**快**得安乐。"(0466a15)

冷:出现 6 次。例如:

(1)孔穴之中,纯是**冷**石,用此草木,以御风寒。(0498c14)

(2)第三不止,其疱转大如瓠,身体壮热,入**冷**池中。(0461a23)

急:出现 9 次。例如:

(1)我今与汝生死共同,有何**急**缓而不见语?(0447c26)

（2）其一人者，得急惊怖死尸中伏，诈现死相。（0480b02）

饱：出现4次。例如：

（1）众僧食**饱**，到长者舍。（0469b08）

（2）我念往昔五百世中，生于狗中，常困饥渴，唯于二时，得自**饱**满。（0484a02）

饿：出现8次。例如：

（1）见此小儿作希有事，即化作**饿**狼，来从索肉。（0448a20）

（2）天神复化作**饿**人，连骸挂骨，而来问言……（0449c03）

残：出现8次，包括使动用法2次。例如：

（1）夫斗战法，以**残**他为胜，**残**害之道，现在愚情，用快其意，将来之世，堕于三涂，受苦无量。（0459c05）

（2）昔恶生王，为行**残**暴，无悲愍心，邪见炽盛。（0489b21）

碎：出现2次。例如：

（1）大王当知：一切富贵，皆为衰灭之所摧**碎**，四方而至，为归丧失。一切强壮，又有诸病，从四方来，破灭强健。（0488c26）

（2）大如金山，众宝庄严，我子金山王，相好庄严身，为无常金刚杵之所**碎**坏。（0496b29）

满：出现41次。例如：

（1）以此忠孝因缘故，风雨以时，五谷丰熟，人无疾疫，阎浮提内，一切人民，炽盛丰**满**，十倍于常。（0447c15）

（2）尔时光明遍**满**王宫，时王问言："今此光瑞，为是谁耶？愿见告示。"（0495b01）

清：出现23次。例如：

（1）舍身受身，得**清**净眼。（0479a14）

（2）尽共合和至心听，极善**清**净心数法，菩萨本缘所说事，今佛显现故昔偈。（0461c22）

散：出现13次。例如：

（1）我等徒众,都破**散**尽,不如烧身早就后世。（0488b01）

（2）诸天闻佛未出于世,各自罢**散**,诸大威德天,福尽命终。（0477c18）

肥：出现 1 次。例如：

（1）恒雨甘雨,使其国内,草木滋长,五谷成熟,畜生饮水,皆得**肥**壮,牛羊蕃息。（0461c07）

瘦：出现 2 次。例如：

（1）若遣老人,乘于**瘦**马,复无粮食,为可达不？（0492c24）

（2）世颇有人饥穷**瘦**苦剧于我不？（0449c03）

足：出现 21 次。例如：

（1）出家精勤,得阿罗汉,威德具**足**。（0457a06）

（2）相师占之,福德具**足**,唯有短寿命。（0469a24）

正：出现 42 次。例如：

（1）欲灭调戏,当修八**正**道、**正**见、**正**业、**正**语、**正**命、**正**方便、**正**思惟、**正**念、**正**定。（0477b12）

（2）即往到其所,礼敬而问讯,我作是问言："云何修**正**道？"（0477c18）

壮：出现 10 次。例如：

（1）其一老者,获五神通。其一**壮**者,竟无所得。（0465c01）

（2）草木滋长,五谷成熟,畜生饮水,皆得肥**壮**,牛羊蕃息。（0461c07）

细：出现 8 次。例如：

（1）以**细**软物,停蛇著上。（0449b12）

（2）王闻其语,深知大德,便以粗**细**之食,与婆罗门。（0489c25）

强：出现 6 次。例如：

（1）其父不听,代其使役,**强**驱出家,遂便欢喜。（0483a15）

（2）若不可求,虽欲**强**得,都不可获。（0493c06）

空：出现 23 次。例如：

（1）昔舍卫国,有一长者,于祇洹林,求**空**闲地,欲造房舍。（0482b09）

（2）佛将难陀,复至地狱,见诸镬汤,悉皆煮人,唯见一镬炊沸**空**停。

(0486b01)

猛：出现 2 次。例如：

（1）时会暴雪，寒气**猛**盛。（0498c14）

（2）犹如炽火**猛**风吹，炎着林野皆焚烧。（0461c22）

直：出现 15 次。例如：

（1）五百力士举弓欲射，手自然**直**不得屈申，生大惊愕。（0452b06）

（2）一切狡猾诡伪诈惑，外状似**直**，内怀奸欺，是故智者，应察真伪。（0497b29）

4.1.2　性质形容词

新：出现 8 次。例如：

（1）王舍城有大长者，**新**造屋舍，请佛供养，即以布施，（0474b27）

（2）夜儿达多，为欲令彼少欲之故，舍其濡草，取彼鞭草，舍此甘果，取彼酢果，舍己**新**果，取他陈果，舍取果已，即得五通。（0482a05）

旧：出现 3 次。例如：

（1）王之**旧**妇，担彼刖人，展转乞索，到王子国。（0458c25）

（2）我昔从宿**旧**所闻，如来阿罗诃三藐三佛陀出现世间，诸天众增长，阿须伦众减少。（0476c14）

富：出现 18 次。例如：

（1）昔有老公，其家巨**富**，而此老公，思得肉食，诡作方便。（0492b15）

（2）昔有兄弟二人，家计贫困，兄常日夕，精懃礼拜求毗摩天，望得大**富**，而遣其弟，耕田种殖。（0491c20）

亲：出现 23 次。例如：

（1）时月氏国有王，名栴檀罽尼咤，与三智人，以为**亲**友。（0484b16）

（2）鹳雀语言："何为作此语？来共作**亲**善。"白鹅答言："我知汝谄诡，终不亲善。"（0464a29）

虚：出现 19 次。例如：

（1）我此儿者,实不从他而有斯子,若实不**虚**,犹六年在我胎中者,火当消灭,终不烧害我之母子。（0497a17）

（2）佛在王舍城。尔时提婆达多,放护财醉象欲得害佛,五百罗汉,皆飞**虚**空,唯有阿难,独在佛后。（0488c26）

丑:出现7次。例如:

（1）昔波斯匿王有女,名曰赖提,有十八**丑**,都不似人,见皆恐怕。（0457b26）

（2）怪哉! 极为**丑**辱。（0496b29）

怪:出现24次。例如:

（1）遥见铁城,心生疑**怪**,而作是念言:"外虽是铁,内为极好。"（0451b08）

（2）值乌提延王游猎,见彼人舍有七重莲华,**怪**而问之:"尔舍所以有此莲华?"（0451c25）

静:出现12次。例如:

（1）如来今者,可闲**静**住,以此大众,付嘱于我。（0465a09）

（2）时王出军,游戏回还,于其路次,而见尊者迦栴延,端坐**静**处,坐禅入定。（0495c23）

好:出现24次。例如:

（1）见一小儿,有盲父母,乞索得食,**好**者供养父母,麁者便自食之。（0447c19）

（2）非但今日,于过去世,雪山之中,有一鹦鹉,父母都盲,常取**好**花果,先奉父母。（0449a09）

纯:出现4次。例如:

（1）王问夫人言:"为生何物?"答言:"**纯**生面段。"（0452a04）

（2）姑见瞋之,便捉杖打,遇着腰脉,实时命终得生忉利天,而作女身,所处宫殿**纯**是甘蔗。（0474c06）

穷:出现21次。例如:

（1）昔有一人，居家贫**穷**，为人肆力，得麨六升，赍持归家，养育妻息。（0466c26）

（2）昔佛在世时，有长者子，早丧父母，孤**穷**伶俜，客作自活。（0469b08）

贱：出现 14 次。例如：

（1）诸比丘言："不审于过去世拔济贫**贱**，其事云何？"（0450c07）

（2）恒食虾蟇水际住，如此**贱**物敢见骂？（0461c22）

美：出现 12 次。例如：

（1）尔时迦叶佛法中，有年少比丘，面目端正，颜色**美**妙。（0457a18）

（2）昔有婆罗门，其妇少壮，姿容艳**美**，欲情深重，志存淫荡，以有姑在，不得遂意，密作奸谋，欲伤害姑。（0498b06）

白：作"白色"讲出现 22 次。例如：

（1）天神又复问言："此大**白**象，有几斤两？"（0449b20）

（2）共忏谢已庄严夫人，著好衣服，乘大**白**象，着军阵前。（0452b06）

黑：出现 2 次。例如：

（1）佛在舍卫国，告诸比丘："若于父母，若复于佛及弟子所，起瞋恚心，此人为堕**黑**绳地狱，受苦无量，无有边际。"（0451c10）

（2）路经丛林，所在阴**黑**，畏惧虎狼罗刹鬼等，攀上卑树，以避所畏。（0498b06）

黄：出现 6 次。例如：

（1）相师占言此**黄**云盖下，必有贤人。（0467c17）

（2）见**黄**云盖，从河上流，随水而来。（0453a02）

青：出现 4 次。例如：

（1）佛有五百**青**衣鬼神恒常侍卫，佛有十力百千那罗延，所不能及，我今不能得害。（0465a29）

（2）我不见若天……若肿，若眼**青**，若眼中瑕出，若是天作，若是龙作，若夜叉作，若阿修罗作，若究盘荼作。（0478c28）

赤：出现 3 次。例如：

（1）鸡冠极**赤**，身体甚白，语诸鸡言："汝等远离城邑聚落，莫为人民之所啖食，我等多诸怨嫉，好自慎护。"（0465a15）

（2）时王于寝，梦见八事：一头上火然。二两蛇绞腰。三细铁网缠身。四见二**赤**鱼吞其双足。（0490a26）

第二节 双音节形容词

4.2.1 性质形容词

端正：义为"物体不歪斜"，引申为"人的姿势挺直或态度、品行正派"，出现 11 次。例如：

（1）昔波斯匿王有一女，名曰善光，聪明**端正**，父母怜愍，举宫爱敬。（0458a23）

（2）二和颜悦色施，于父母师长沙门婆罗门，不颦蹙恶色，舍身受身，得**端正**色。（0479a14）

聪明：出现 9 次。例如：

（1）众人见其**聪明**福德，而劝之言："汝父在时，常入海采宝。汝今何为不入海也？"（0450c27）

（2）如往昔时，有一女人，**聪明**智慧，深信三宝，常于僧次，请一比丘，就舍供养。（0494c02）

炽盛：义为"火势猛烈，也指情感、欲望强烈"，出现 6 次。例如：

（1）一切人民，**炽盛**丰满，十倍于常。（0447c15）

（2）如是家业，遂大**炽盛**。（0469c03）

庄严：义为"庄重而严肃"，出现 10 次。例如：

（1）**庄严**既竟，辞母欲去。（0450c27）

（2）王得白象，甚大欢喜，即时**庄严**，欲伐彼国。（0456b04）

踊跃:义为"情绪激烈,争先恐后",出现9次。例如:

(1)王大欢喜,**踊跃**无量。(0448c19)

(2)欢喜**踊跃**,生敬信心。(0473a07)

方便:义为"便利,适宜",出现14次。例如:

(1)我终不得好食自活,当设**方便**。(0457a06)

(2)夜儿达多,渐作**方便**,教化诸仙。(0482a05)

4.2.2 状态形容词

端直:义为"正直",出现2次。例如:

(1)此女少小仙人养育,受性**端直**。(0452c18)

(2)为人**端直**,金银铜铁,种种肆上,得利倍常。(0469b08)

盈满:义为"丰盈,充满",出现2次。例如:

(1)百味饭食,自然**盈满**。(0470b21)

(2)赍一瓶酥,湛然**盈满**。(0492c24)

饥渴:义为"腹饿口渴",出现5次。例如:

(1)生于狗中,常困**饥渴**。(0484a02)

(2)**饥渴**寒热,生老病死(0459c05)

欢喜:义为"高兴",出现94次。例如:

(1)天神**欢喜**,大遗国王珍琦财宝。(0450a05)

(2)诸比丘,闻是语已,**欢喜**奉行。(0453b22)

惊怖:义为"惊讶,畏惧",出现8次。例如:

(1)心中**惊怖**,失声而觉。(0459b08)

(2)众商人等,极大**惊怖**。(0464b14)

怖畏:义同"惊怖",出现7次。例如:

(1)父母年老,而眼俱盲,常取好果鲜花美水,以养父母,安置闲静无**怖畏**处。(0448b07)

(2)时婆罗那极大**怖畏**,即生心念(0459b08)

悲愍：义为"同情"，出现 3 次。例如：

（1）深生**悲愍**，所得珍宝，悉亦分与。（0488b12）

（2）昔恶生王，为行残暴，无**悲愍**心，邪见炽盛。（0489b21）

快乐：义为"外界事物让人感到幸福或满意"，出现 13 次。例如：

（1）四万岁中，受大**快乐**。（0451a14）

（2）汝受天身，快得安乐，真实**快乐**，无诸忧恼。（0466b25）

安乐：义为"安宁快乐"，出现 14 次。例如：

（1）我今望得现世**安乐**，后世安乐。（0481b02）

（2）汝受天身，快得**安乐**。（0466a23）

慈悲：义为"将苦难之人从痛苦中挽救出来"，出现 6 次。例如：

（1）如是**慈悲**，覆育于我。（0454a18）

（2）天神地神，有**慈悲**者，拔济我等。（0478b14）

亲善：义为"亲近友善"，出现 6 次。例如：

（1）捉此珠者，悉得**亲善**。（0480c23）

（2）我知汝谄诡，终不**亲善**。（0464a29）

恭敬：义为"严肃礼貌"，出现 33 次。例如：

（1）比丘问言："过去**恭敬**，其事云何？"（0455b21）

（2）以**恭敬**袈裟因缘，出家作比丘尼。（0453c25）

精勤：出现 6 次。例如：

（1）悲心**精勤**故，感帝释宫，令大震动。（0455a16）

（2）入山学道，**精勤**苦行，得辟支佛。（0470b21）

憍慢：义为"人的态度、表情、举止高傲自大"，出现 2 次。例如：

（1）不害亲友是快乐，灭除**憍慢**亦是乐。内无德行外憍逸。实无有知生**憍慢**，好与强诤亲恶友，名称损减得恶声。（0461c22）

（2）时难陀王，转复**憍慢**。（0492c24）

愚痴：形容人愚笨、痴呆，贬义词，出现 5 次。例如：

（1）一切众生，皆有三火：贪欲、瞋怒、**愚痴**之火。（0455a08）

(2)其夫愚痴,即用妇语。(0493b22)

其他双音节形容词:欢喜(94);光明(20);懊恼(15);清净(14);贫穷(14);清静(14);虚空(13);孝顺(12);端严(12);殷勤(11);恐怖(11);精进(10);默然(8);久远(8);疑怪(8);非法(7);殊妙(6);闲静(6);贫贱(6);敬信(6);贫苦(6);困苦(5);不祥(5);仁孝(5);粗恶(5);臭秽(4);放逸(4);微妙(4);柔软(4);殊特(3);臭烂(3);惆怅(3);忧愁(3);清凉(3);丑恶(3);善贤(3);悭贪(3);困乏(2);静默(2);精勤(2);惊愕(2);奇特(2);丰熟(2);豪贵(2);粗细(2);庆悦(2);燋烂(2);慈孝(2);平安(2);嗔诤(2);懈怠(2);可爱(2);润泽(2);穷苦(2);亲厚(2);广大(2);乏尽(1);穷悴(1);威猛(1);轻躁(1);远达(1);羸弱(1);远恶(1);美妙(1);弘旷(1);寂静(1);忧悴(1);丰满(1);壮美(1);方宜(1);穷寒(1);孤独(1);慈矜(1);邪谄(1);长短(1);残暴(1);谦顺(1);空闲(1);晖赫(1);奢侈(1);知足(1);惨悴(1);烂臭(1);羸劣(1);私密(1);怯懦(1);宽放(1);奇怪(1);壮热(1);广博(1);强盛(1);高大(1);细滑(1);孤穷(1);盲冥(1);痴狂(1);困匮(1);躁疾(1);憍逸(1)。

第五章

《杂宝藏经》代词研究

第一节　人称代词

5.1.1　第一人称

我:出现283次。例如:

(1)皆将军众,欲来伐**我**。(0452a21)

(2)谁乐去者,当随**我**去。(0450a23)

(3)尔时雁王,**我**身是也。(0489b08)

吾:出现5次。例如:

(1)**吾**当赏赐五百金钱。(0493c06)

(2)**吾**生一女,形貌丑恶。(0457b26)

(3)**吾**当为汝取妇,产一子胤,听汝出家。(0483b13)

5.1.2　第二人称

尔:大多时候与"时"构成"尔时",表示时间。作第二人称代词出现6次。例如。

(1)**尔**既杀父,复害罗汉,作是二逆,须好忏悔。(0495b11)

(2)若有所须,随**尔**所愿。(0447a17)

(3)**尔**有善心,求欲出家,若得生天,必来见我,我乃听**尔**得使出家。
(0495a02)

汝:出现 143 次。例如:

(1)为是自知?有人教**汝**?(0450a07)

(2)此五百力士,皆是**汝**子。(0452a21)

(3)**汝**今割肉,与**汝**父母,生悔心不?(0448a24)

5.1.3 第三人称

之:出现 224 次。例如:

(1)佛行见**之**,即往到边。(0482a28)

(2)略而言**之**,满六年已,白净王渴仰于佛,遣往请佛。(0497b10)

(3)时释提桓因,宫殿震动,便即观**之**,是何因缘?(0448a20)

其:出现 213 次。例如:

(1)即如**其**言,以答天神。(0449c15)

(2)众人见**其**聪明福德,而劝之言。(0450c27)

(3)**其**有不孝父母,不敬师长,当加大罪。(0450a15)

他:出现 31 次,其基本用法如下:

(1)世尊!以何因缘,系属于**他**,复以何缘,得阿罗汉?(0450b29)

(2)**他**人见其迹迹有莲华,而便语言。(0451c14)

(3)走至**他**家,欲从乞火。(0451c14)

5.1.4 谦称和敬称

谦称主要有"妾""小人""臣"4 个。

妾:出现 1 次,作主语。例如:

(1)**妾**之贱身岂足道耶?(0490a26)

小人：出现 1 次，作宾语。例如：

（1）彼何**小人**，敢能与我共诤会日？（0468b13）

臣：用于谦称义出现 5 次。例如：

（1）**臣**有老父，不忍遣弃。（0450a07）

（2）**臣**来应答，尽是父智，非**臣**之力。（0450a07）

（3）王若用**臣**密语，不漏泄者，四海之内，都可克获。（0484b16）

尊称主要有"君""卿"2 个。

君：出现 10 次，作主语、宾语、定语。例如：

（1）**君**臣智力，无能答者。（0449c27）

（2）我闻**君**数坐我被罚，心生惭愧。（0457c26）

（3）以我前世，虽复于**君**父母师长。（0466b09）

卿：出现 5 次，作主语、宾语。例如：

（1）**卿**不耕田下于种子。（0491c20）

（2）今欲妻**卿**，可得尔不？（0457b26）

（3）**卿**今责我无所得也？（0484a12）

5.1.5　己称代词

主要有"自""己""身""我身"等 4 个。

自：出现 137 次，作主语。例如：

（1）**自**取减损，得不安事，**自**受其苦。（0463c14）

（2）时小夫人，瞻视王病，小得瘳差，**自**恃如此，见于罗摩绍其父位，心生嫉妒。（0447a28）

（3）昔舍卫国，有一大长者，生一女子，**自**识宿命，初生能语。（0453c25）

己：出现 29 次，作定语、宾语。例如：

（1）老婆罗门见偷**己**物。（0497c26）

（2）长共出入，清身洁**己**。（0498a22）

（3）于是寻遣依王活者，持**己**所饮余残之酒，以与夫人。（0460a07）

身：作己称代词出现 51 次，作主语、宾语、定语。例如：

（1）得生王家，**身**有光明？（0458b18）

（2）时婆罗陀，即将军众，至彼山际，留众在后，**身**自独往。（0447b21）

（3）诸有宿嫌处，不应生体信，如乌诈托善，焚灭众枭**身**。（0498c14）

我身：出现 45 次，作主语、宾语、定语。例如：

（1）**我身**如电光，不久照曜。（0468a16）

（2）宁杀**我身**，以代母命。（0448a08）

（3）尔时雁王，**我身**是也。（0489b08）

己身：出现 5 次。例如：

（1）若其不如为他所害，丧失**己身**，殃延众庶，增他重罪，[18]令陷地狱，更相残杀。（0459c05）

（2）即听设会，王以**己身**并及夫人衣服璎珞，脱与阇罗夫妇，割十聚落，与作福封。（0468b13）

（3）作是语已，即入火中，而此火坑，变为水池，自见**己身**，处莲花上，都无恐怖，颜色和悦。（0497a17）

身自：出现 1 次。例如：

（1）时婆罗陀，即将军众，至彼山际，留众在后，**身自**独往。（0447b21）

自身：出现 1 次。例如：

（1）以**自身**为证，忆念往昔九十亿劫，有一长者，有其二子，一名利咤，二名阿利咤。（0470b21）

第二节　指示代词

5.2.1　近指代词

是：出现 745 次，作主语、宾语、定语以及判断句谓语。例如：

（1）所将眷属，尔时苦恼，今依止者，亦复如**是**。（0454c14）

78

（2）观察知**是**兔能为难事。（0454b21）

（3）尔时小儿，我身**是**也。尔时父母，今日父母**是**也。（0448a29）

"是"字充当宾语时，为了强调，可置于谓语动词前面。例如：

（4）**是**以世人，于一切事，应当明察。（0460c24）

（5）自鄙贫贱，无以修福，**是**以落泪。（0468b13）

此：出现 515 次，指代人或者事物，作主语、宾语、定语。例如：

（1）**此**未为难，我过去世中，供养父母，乃极为难。（0447c23）

（2）王喜到惑，**此**畜生所生，仙人所养。（0452c18）

（3）第二家闻，谓**此**是理，如此展转。（0455b22）

（4）然今**此**母，虽不生我，我父敬待，亦如我母。（0447b06）

之：出现 553 次，作定语、宾语。例如：

（1）时梵摩达王，游猎而行，见鹿饮水，挽弓射**之**。（0448b12）

（2）力士知**之**，请二尊者并五百弟子。（0487a18）

（3）如是所问，悉皆答**之**。（0450a05）

有时，"之"指代处所，兼有指示与代替的作用，属于远指用法，可译为"那里"。例如：

（4）王寻妻**之**，为立宫室。（0457b26）

（5）彼比丘者，得我**之**，不自供给。（0460b28）

斯：出现 78 次，作主语、宾语、定语等。例如：

（1）何以不用，受**斯**耻辱？（0447b06）

（2）我为**斯**国王，游猎于此山。（0448c01）

（3）当以珍浮楼女贤修利婆折**斯**，为汝作妻。（0478a20）

然：出现 121 次，通常作判断句谓语。例如：

（1）王闻其语言以为**然**，益增忧脑即问之言。（0490a26）

（2）鹦鹉乐多果种，田者亦**然**。（0449a14）

（3）其母**然**可，于是发去。（0450c08）

尔：出现 333 次，可指代人、事物、情况等，作谓语、主语、定语、宾语。

例如：

（1）尔时能使二国和好，今日亦尔。（0456b18）

（2）我今于尔，所有财宝都无悋惜，若有所须，随尔所愿。（0447a17）

（3）一时佛在舍卫国。尔时阿难，着衣持钵，入城乞食。（0447c19）

（4）三藏复言："汝若不尔，与汝永断。"（0460b28）

（5）非但今日，过去亦尔。（0465b28）

5.2.2　远指代词

彼：出现235次，与近指代词"此（是）"相对，作主语、宾语、兼语、定语及判断句谓语。例如：

（1）时婆罗陀，即将军众，至彼山际。（0447b21）

（2）释提桓因，使得一处，见彼国王。（0448a29）

（3）王得白象，甚大欢喜，欲伐彼国。（0456b04）

（4）我于尔时，为灭彼火，使其得安，令彼得安。（0455b02）

（5）听我使往，令彼怨敌不敢欺侮。（0456b04）

其：出现481次，作定语。例如：

（1）世尊！过去世中，供养父母，其事云何？（0448b06）

（2）其后不久，生五百卵，盛着篋中。（0452a04）

（3）王可其言，若有不孝于父母者，当重治其罪。（0455c11）

5.2.3　旁指代词

他：出现65次，作宾语、定语及判断句谓语。例如：

（1）王以何故，与他贡献？（0452a14）

（2）时婆罗陀，先在他国。（0447b15）

（3）内不清净外亦然，智者速远至他方。（0461b03）

异：出现23次，指代人、事物、时间、处所等，多作定语。例如：

（1）弟婆罗陀，极为和顺，实无异意。（0447b06）

（2）贼来破家，劫掠钱财，并驱老母，**异处出卖**。（0450c08）

（3）若出去时，亦绕七匝，莫行本迹，**异道而还**。（0452b26）

余：出现 49 次，作主语、定语。例如：

（1）除我以外，**余**无所惜，请为我说所须之物。（0490a26）

（2）乃至今日，**余**殃不尽，犹被诽谤。（0457a18）

（3）**余**命未几，故来听法。（0490b28）

5.2.4　无指代词

莫：出现 64 次，只作主语。例如：

（1）时诸比丘，即便三谏：**莫**谤尊者舍利弗、目连。（0461a01）

（2）二人共看，**莫**示余人。（0464c13）

（3）**莫**为人民之所食。（0465a15）

靡：出现 4 次，和"不"连用。例如：

（1）一切人民，**靡**不敬伏。（0484a12）

（2）于是王用大臣之言，军威所拟，**靡**不摧伏。（0484b16）

（3）群臣闻已，**靡**不欢喜，智人之言不可不用。（0484b16）

5.2.5　分指代词

或：出现 40 次，一般指人，作主语。例如：

（1）又复思忆："彼仙人者，**或**能解知。"（0452a21）

（2）彼有恶人，**或**能以恶来见中伤。（0464c13）

（3）**或**时威猛如虎狼，观时非时力无力。（0458c08）

两个"或"字可以呼应使用，可指人，又可指物，都作主语。例如：

（4）**或**时作寒犹如雪，**或**时现热如炽火。（0458c08）

5.2.6　虚指代词

某：出现 5 次，主要作宾语。例如：

（1）王言："汝识**某甲**不识?"（0458c25）

（2）还到王家,遣人通白："**某甲**在外。"（0459c25）

5.2.7　逐指代词

每:出现 3 次,多作状语。例如:

（1）缘是之故,婢常因嫌,**每**以杖捶,用打羖羝。（0499a14）

（2）昔有一妇,不顺礼度,**每**所云为,常与姑反。（0493b22）

（3）**每**于会日,诸长者子妇皆来集会。（0457b26）

各:出现 46 次,只作状语。例如:

（1）王有六子,**各**领一国。（0447c26）

（2）有二猕猴,**各**有五百眷属。（0454c14）

（3）时二国王,分阎浮提,**各**畜五百子。（0453a07）

（4）以是义故,诸比丘等! **各**应孝顺供养父母。（0450b12）

第三节　疑问代词

5.3.1　指人疑问

谁:出现 64 次,例如:

（1）天神又复问言："以一掬水,多于大海,**谁**能知之?"（0449b25）

（2）尔时光明遍满王宫,时王问言："今此光瑞,为是**谁**耶?"（0495b01）

（3）复问言："**谁**母**谁**子?"君臣亦复无能答者。（0450a02）

5.3.2　指事疑问

何:出现 227 次。例如:

（1）谁解此者? 若有解者,欲求**何**事,皆满所愿。（0455c11）

（2）而此树者,有**何**神灵？（0492b15）

（3）反复寻之,**何**补身疮拷楚之痛？（0459c05）

凝固格式"云何""如何"使用频繁。其中,"云何"主要做状语,也可作宾语、谓语、主语、定语。例如：

（4）世尊！过去之世,供养父母,其事**云何**？（0447c25）

（5）有二邪行,如似拍毱,速堕地狱。**云何**为二？（0449a04）

（6）提婆达多,恒起恶心于如来所,如来**云何**犹故活之？（0464c10）

"如何"出现频率较低。例如：

（7）**如何**今者而见网捕？（0449a14）

（8）若当相卖,我身**如何**得自存活？（0468b13）

（9）汝今唯得衣食而已,非奴**如何**？（0470b21）

胡：出现 2 次。例如：

（1）贫道今者未堪为王作福田也,**胡**为躬自枉屈神驾？（0484a12）

（2）我先作恶,喻彼热镬,今修诸善,惭愧忏悔更不为恶,**胡**为不灭？（0484b16）

奚：出现 1 次。例如：

（1）**奚**作少功德业,而获如此容？（0471c16）

5.3.3　处所疑问

安：出现 1 次。例如：

（1）答言："我父教我。"王言："汝父**安**在？"（0455c11）

第六章

《杂宝藏经》数词研究

第一节 基数词

个位数、十位数和复合数词的使用与现代汉语基本一致。例如：

（1）日以二钱，供养于母，故得琉璃城，四如意珠，及四玉女，四万岁中，受其快乐。四钱供养母故，得颇梨城，八如意珠，八玉女等，八万岁中，受诸快乐。八钱供养母故，得白银城，十六如意珠，十六玉女，十六万岁，受于快乐。十六钱供养母故，得黄金城，三十二如意珠，三十二玉女，三十二万岁，受大快乐。（0451b18）

（2）时十奢王，即徙二子，远置深山，经十二年，乃听还国。（0447b12）

（3）乳作二百五十岐。（0452b06）

（4）佛变千二百五十比丘。（0497b10）

（5）帝释及八万四千诸天。（0477c15）

复合数词与现代汉语中有细微区别。现代汉语"十"前面的"一"均省略，"百""千""万"前"一"不能省略。例如：

（1）经十二年，乃听还国。（0447b12）

（2）其中有**百**罗汉，以神通动地。（0483a20）

（3）佛变**千二百五十**比丘，皆如佛身。（0497b10）

（4）有**万二千**比丘，亦至彼处。（0481c17）

单用"倍"表示两倍，有时虚化为加倍，更加之意。例如：

（1）恭敬孝顺，**倍**胜于常。（0447b15）

（2）若生五百子，**倍**当敬之。（0451c25）

（3）妇于室内，**倍**加恳恻。（0457b26）

基数词加"倍"也可表示倍数。例如：

（1）炽盛丰满，**十倍**于常。（0447c15）

（2）**百千万倍**，多于大海。（0449b27）

"半"表示"一半"，出现 6 次。例如：

（1）屋中唯敷屦，小弟便截**半**与父，而白父言："大兄与父，非我所与。大兄教父使守门。"兄语弟言："何不尽与敷屦，截**半**与之？"弟答言："适有敷屦，不截**半**与，后更何处得？"（0456b25）

（2）留**半**分食，与此女人。（0467b26）

连用两个相邻基数可以表示概数。例如：

（1）求暂相见，**四五**日间，还当发遣。（0486b14）

（2）有长者子，年**五六**岁。（0469a24）

（3）**十四**日**十五**日时，化作人形。（0463c18）

位数"十""百""千""万"两个或三个连用可以表示数量众多。例如：

（1）辅相更以张妙直**千万**钱，与兄阿练。（0460b28）

（2）掬之水，**百千万**倍，多于大海。（0449b27）

（3）**百千**无量，不可称计。（0451b28）

"数"可以表示"多次，若干"之意。例如：

（1）到彼山中，**数数**请兄。（047c02）

（2）王心惑着，单将**数**人，欲往彼国。（0486b14）

（3）不过**数**枚。（0490a17）

"十""百""千""万"前面加上"数"可以表示概数。例如：

（1）**数千万**劫,受福无穷。（0449b27）

（2）绝母**数十**根发。（0450c27）

基数词后加"余"可以表示概数,出现 4 次。例如：

（1）**七十余**年,我自薄福,加我新产。（0483b13）

（2）杀**三亿余**人。（0484b16）

（3）譬如去此**三千余**里。（0492c24）

（4）便引项令长**十余**丈。（0495b11）

第二节　序数词

附加前缀"第"表示序数常见。例如：

（1）**第二**夫人,有子,名曰罗漫。（0447a17）

（2）其**第六**小子,先有鬼神。（0447c26）

（3）实语**第一**味,智慧命**第一**。（0455c11）

附加形容词"大",也可以表示第一。例如：

（1）昔王**大**夫人,生育子。（0447a17）

（2）向**大**母拜,恭敬孝顺。（0447b15）

（3）时**大**夫人而语王言。（0452c18）

"再"作序数表示第二次,"再三"表示"多次"之意。例如：

（1）时父王言："女人之体形不**再**现。"师子之座,法无**再**坐。
（0480b02）

（2）如是**再**三,王故言不好。（0486b14）

（3）法无**再**坐。（0495b11）

"始"作序数表示第一次。例如：

（1）从地踊出，**始**见佛发。（0457b26）

（2）佛子罗睺罗，**始**入于胎。（0496b13）

（3）第三取食，**始**与大家。（0475b09）

"复"作序数表示第二次，多次。例如：

（1）兄**复**让言："父先与弟，我不宜取。"0447c09）

（2）妇**复**语夫："我乳亦惕惕而动，将非我子有不祥事不。"（0448b22）

（3）臣**复**问父，父时答言。（0449c23）

佛经中，可以用"七"表示七日，前加"一、二、三……"可以表示第几个七天，仅出现 1 次。例如：

（1）佛为说法，**一七**日中，成阿罗汉。（0486b01）

第三节　数词组合

6.3.1　数+名词

此类组合方式很多，频率较高。例如：

（1）有**二猕猴**，各有五百眷属。（0454c14）

（2）王有**六子**，各领国。（0447c26）

（3）生**五百卵**，盛着箧中。（0452a04）

（4）时大夫人，捉**五百面**段。（0452a04）

（5）有造讲堂，堂开**四门**。（0475c03）

6.3.2　数词+量词+之+名词

（1）但为我作**百丈之台**，我坐其上。（0453a07）

（2）亦复不如施持戒人**一钵之食**。（0470a29）

6.3.3　数词 + 之 + 名词

此类组合出现 2 次。例如：

(1)今更与汝**十万**之钱。(0470b21)

(2)我今与尔**第三**之果。(0494a23)

6.3.4　数词 + 量词 + 名词

(1)以**一掬**水，多于大海，谁能知之。(0449b25)

(2)复和**二升**麨，用为一团，而以与之。(0466c26)

(3)又于后日，辅相更以**一张**妙㲲。(0460b28)

(4)汝初与我**一团**麨时，正求作一小国王故，是以我言："汝心愿少。"**第二团**麨，正愿得作二小国王，是以我言："汝愿少小。"**第三团**麨，正求得作四小国王，是以我言："汝心愿小。"**第四团**麨，正求作波罗国王，领四小国，使我后得见谛道果。(0467a22)

第四节　数词的意义

6.4.1　理性义

数词通常表示数目和次序。例如：

(1)日得**两**钱，奉养老母。方计转胜，日得**四**钱，以供于母(0450c21)

(2)彼比丘言："今在何处？"语言："在上**第三**窟中。"(0483c19)

(3)及**四**玉女，**四万**岁中，受其快乐。(0451b18)

6.4.2　色彩义

为了让民众或教徒读得懂、听得明白，汉译佛经客观上需要口语化，以便读起来朗朗上口。例如：

（1）故得琉璃城，**四**如意珠，及**四**玉女，**四**万岁中，受其快乐。**四**钱供养母故，得颇梨城，**八**如意珠，**八**玉女等，**八**万岁中，受诸快乐。**八**钱供养母故，得白银城，**十六**如意珠，**十六**玉女，**十六**万岁，受于快乐。**十六**钱供养母故，得黄金城，**三十二**如意珠，**三十二**玉女，**三十二**万岁，受大快乐。（0451b18）

（2）尊者答言："乃往过去，**九十一**劫，尔时有佛，名毗婆尸。"（0491a06）

（3）时彼国法，击鼓**一**下，一切军集，**九万九千**诸释悉会，即唤耶输陀罗。（0496b29）

例（1）中的数词都是四的倍数，符合汉语表达习惯，贴近民众的真实生活。例（2）、例（3）都出现"九"，佛教教义以"九"为极数，有"九九归一"之说，赋予更深的内涵。

又如：

（1）命终得生**三十三天**摩尼焰宫殿中，乘此宫殿，至善法堂。（0472b25）

（2）得生天上**三十三天**，见汝精勤修治塔寺，故来汝所。（0473b20）

（3）希有世尊！能为其母，**九十**日中，住忉利天。（0450a27）

（4）汝于昔日**九十一**劫，仙人山中，有辟支佛，值雨脚跌，即破瓦钵。（0491b09）

例（1）和例（2）中，"三十三天"成为"行善得好报"的代名词，即成佛的最高之所"忉利天"；"九十一"象征向善成佛过程中的坎坷不易。这时候，数词不再是单纯意义上的数字，而是带上了对佛祖的十分虔诚，对"善"的憧憬和向往，以及行善路途中的坎坷与艰难。

第七章

《杂宝藏经》量词研究

第一节 名量词

7.1.1 个体量词

枚:《说文·木部》:"枚,干也。"后来虚化为量词,可以与多数实体名词组合,计量各类事物,呈现出"一量对多名"的现象,出现3次。例如:

(1)得彼乞女两**枚**小钱。(0467b26)

(2)我当雇汝千**枚**金钱。(0474b04)

(3)我宫中人,极美发者,然直铜钱不过数**枚**,今言彼女之发,直五百金钱者,彼之女人,美发非常,容仪必妙。(0490a17)

头:《说文·页部》:"头,首也。""头"作量词既可以量物,也可以量人。"头"作量词,主要用于计量牲畜,出现2次。例如:

(1)将五百**头**小牛,尽欲刑犍。(0459c25)

(2)将五百**头**小牛而欲刑治。(0459c25)

"头"的主要功能是名词。例如:

(3)昔雪山中,有鸟名为共命,一身二**头**。一**头**常食美果,欲使身得

安隐，一头便生嫉妒之心。（0464a07）

滴：主要用于计量液体，出现 1 次。例如：

（1）此林广大，数千万里，汝之翅羽所取之水，不过数**滴**，何以能灭如此大火？（0455a16）

根：《说文·木部》："根，木株也。""根"作为量词用于计量植物，后来扩展到其他事物。汉译佛经中，"根"主要用于计量"头发"，出现 1 次。例如：

（1）儿便决意，自擘手出脚，绝母数十**根**发。（0450c27）

段：本义为"截断，分开"，凡是可截断、分开之物，往往可以用"段"计量，出现 3 次。例如：

（1）看汝所生，唯见一**段**臭烂马肺。（0452c18）

（2）欲如**段**肉，众鸟竞逐。（0486b14）

（3）时大夫人，捉五百面**段**，以代卵处，即以此篋，封盖记识，掷恒河中。王问夫人言："为生何物？"答言："纯生面**段**。"（0452a04）

张：《说文·弓部》："张，施弓弦也。"本义为"把弓拉开"。"张"最初用于计量弓弩，后来扩大为计量可以铺展开来的东西，出现 2 次。例如：

（1）又于后日，辅相更以一**张**妙氎直千万钱。（0460b28）

（2）即以上妙好氎二**张**。（0479c04）

重：量词"重"由动词义"重叠"引申而来，可以计量城池、台阶、墙壁、道路、土窑、阁楼、山、水等，出现 4 次。例如：

（1）时梵豫国王，出行游猎，见彼梵志，绕舍周匝十四**重**莲华，复见二道有两**行**莲华。（0452c09）

（2）王因交戏脱尸婆具沙夫人所著一**重**天冠，著金鬘夫人头上。（0490b28）

（3）见彼人舍有七**重**莲华。（0451c25）

（4）渐渐深掘，复获一瓮，如是次第，得三**重**瓮，各受三斛。（0491a14）

脔：《说文·肉部》："一曰切肉，脔也。"作为量词，用于计量块状之肉，仅出现 1 次。例如：

（1）此肉二膏,父母食之,余有一膏,还用与我。(0448a08)

味:《说文·口部》:"味,滋味也。"作为量词主要计量与饮食有关之物,与虚指数词"百"搭配,逐渐形成"百味"的固定搭配,出现 3 次。例如:

（1）即与空器,时空器中,百**味**饭食,自然盈满。(0470b21)

（2）大王若能用臣语者,使王一身之中,终不横死,百**味**随心,调适无患。(0484b16)

（3）信为第一财,正法最为乐,实语第一**味**,智慧命第一。(0455c11)

7.1.2　集体量词

群:本义为"有君长之地""有君长的是社团",引申义为"包括人、马、牛、羊、猪、鸡、鸭、鱼等在内的一切动物集合体"。《说文·羊部》:"群,辈也。"又:"辈,若军发车,百辆为一辈。"出现 21 次。例如:

（1）乌待昼日,知枭无见,踏杀**群**枭,啖睒食其肉。(0498c14)

（2）即日夜中,有大**群**象,蹋杀众人。(0464b14)

（3）五百**群**雁,皆弃飞去。(0488c26)

（4）于王舍城、毗舍离二国中间,有五百**群**贼。(0486c27)

行:"行"作为量词,用于计量成行的东西,出现 1 次。例如:

（1）时梵豫国王,出行游猎,见彼梵志,绕舍周匝十四重莲华,复见二道有两**行**莲华。(0452c09)

7.1.3　专用名量词

尺:《说文·尺部》:"尺,十寸也。"作为度量单位,可表长度、深度、高度、围度等,仅出现 1 次。例如:

（1）所生苗稼,变成金禾,皆长数**尺**。(0469c18)

丈:《说文·十部》:"丈,十尺也。"作为度量单位,可表高度、深度、长度、宽度、面积等,出现 2 次。例如:

（1）便引项令长十余**丈**,语栴陀罗:"随尔斫截。"(0495b11)

（2）但为我作百**丈**之台，我坐其上，必能攘却。（0453a07）

两：作为量词，主要用于计量物体的重量，包括金子、钱币、衣服、药、肉、盐、石蜜等，出现 11 次。例如：

（1）尔时舍卫国，须达长者，以十万**两**金，雇人使归依佛。（0475a09）

（2）昔干陀卫国，有一画师，名曰罽那，三年客作，得三十**两**金，欲还归家，而见他作般遮于瑟。（0468a16）

（3）最下贾客，解一珠与，直万**两**金；最上头者，解一珠与，直十万**两**金。（0469c03）

斤：用于计量事物的重量，出现 2 次。例如：

（1）此大白象，有几**斤**两？（0449b20）

（2）有人得金满十万**斤**，何如欢喜听人说法？（0470a29）

里：长度计量单位，一里等于 500 米，出现 11 次。例如：

（1）此林广大，数千万**里**。（0455a16）

（2）身香远闻，彻四千**里**。（0474c19）

（3）满五**里**中，尽得铜瓮盛满金钱。（0491a14）

由旬：古印度长度单位，梵语 yojana 的音译。一由旬相当于一只公牛走一天的距离，大约 7 英里，即 11.2 公里，出现 1 次。例如：

（1）身出众妙香，闻于百**由旬**，诸得闻香者，悉得大利益。（0474c26）

7.1.4　借用计量词

钵：本义为"洗涤或盛放东西的陶制的器具，形状像盆而较小，用来盛饭、菜、茶水等"，佛经里主要用于指称僧人所用的食器，向人乞食之用，有瓦钵、铁钵、木钵等，一钵之量刚够一僧食用，出现 5 次。例如：

（1）我见瞿昙，施一**钵**饭，得如是报。（0469c18）

（2）亦不如以一**钵**之食施持戒者。（0470a29）

（3）犹故不如施持戒人一**钵**之食，况复听法？（0470b21）

釜：本义为"炊器"，主要借来计量饭食，出现 1 次。例如：

（1）尔时阿阇世王,为提婆达多日送五百**釜**饭。(0465b20)

匙:称量用的小勺,借作量词,用来计量一勺的量,出现1次。例如:

（1）时难陀王,即设饮食,与粗食数种食,食五三**匙**,便言已足。(0492c24)

车:借来用于计量一车装载的量,出现次。例如:

（1）设复有人得十万**车**金,亦不如以一钵之食施持戒者,况复听法欢喜,经于时节。(0470a29)

（2）如是所弃,日日渐多,由是获得五百**车**钵。(0491b29)

借用处置动作的量词。如下:

把:《说文·手部》:"把,握也。"借来计量一手所握的量,出现2次。例如:

（1）时有一人,见是塔庙,心生欢喜,即以一**把**华,散于塔上,获大善报。(0479b12)

（2）一**把**华施者,我身是也。(0479b26)

掬:本义为"用两手捧水、泥等流体物质",《小尔雅·广量》:"一手之盛谓之溢,两手谓之掬。"借来计量两手捧取之量,出现次。例如:

（1）以一**掬**水,多于大海,谁能知之? (0449b25)

（2）若有人能信心清净,以一**掬**水,施于佛僧及以父母、困厄病人。(0449b27)

第二节　动量词

7.2.1　专用动量词

过:《说文·辵部》:"过,度也。"作为量词,计量动作次数单位,出现1次。例如:

（1）今日三**过**，为君送食，何故迟晚？（0475b09）

反（返）：本义为"沿来路往返"，《说文·辵部》："返，还也。从辵，从反。"动量词义是由动词义"往返"虚化而来，一次往返过程即可称为"一反"，引申为动作行为往返或反复的次数。《杂宝藏经》常用于"三反（返）""六反（返）""七反（返）"3种情况。"三反（返）"指行为动作反复三次，例如：

（1）如是三**反**，执辞如初。（0468b13）

（2）已复来索，乃至三**返**犹故不得。（0470a29）

（3）如是三**返**，至第四过，佛不为出。（0487a18）

"六反（返）"仅现1次。例如：

（1）如是六**返**，皆与十万。（0470b21）

"七反（返）"用来计量城池毁、立的次数，也暗含轮回意味，出现2次。例如：

（1）我见此城七**返**成坏。（0483b13）

（2）至第七**返**，兄便责数。（0470b21）

下：本义为"从上而下的动作"，《尔雅·释诂》："下，落也。"由此虚化为计量"击打"动作的次数，出现2次。例如：

（1）举手向母，适打一**下**。（0492c18）

（2）击鼓一**下**，一切军集。（0496b29）

匝：本义为"环绕"，《说文·帀部》："帀，周也。"动量词义由动词义虚化而来，主要用于计量环绕的圈数，使用范围较广。《杂宝藏经》中出现"三匝""七匝"两种用法。

三匝：表现佛教徒的致敬心理，与古印度文化有关，主要用于信徒向佛、菩萨致敬的语境中，出现1次。例如：

（1）尔时帝释，将诸天众，绕佛三**匝**，却行而去，至于静处，皆三称言南无佛陀，便还天上。（0478a24）

七匝：用于对佛行礼，用来计量绕佛的次数，表示尊敬义，也用以计量环绕屋舍的次数，出现7次。例如：

（1）他人见其迹迹有莲华，而便语言："绕我舍**七匝**，我与汝火。"绕**七匝**，得火还归。（0451c14）

（2）绕我舍**七匝**，当与汝火。若出去时，亦绕**七匝**，莫行本迹，异道而还。（0452b26）

（3）若欲得火，绕舍**七匝**；将去之时，亦复**七匝**。（0452c09）

7.2.2　量词重叠

最常见的量词重叠是个体量词"种"的重叠，出现 26 次。其中，用作定语者出现三种组合格式，一是"种种 + 名词"。例如：

（1）于上**种种**困厄者，不生怜愍不名仁。（0459c05）

（2）既到山已，见向长者，设**种种**馔，供养众僧。（0467b26）

（3）**种种**肆上，得利倍常。（0469b08）

（4）作**种种**浆，施与一切，佛亦自受。（0482b16）

（5）时彼少妇，设**种种**计，用惑其夫。（0497b29）

二是"种种 + 形容词 + 名词"。例如：

（1）弥勒有四辩才力，即便为说**种种**妙法。（0470a15）

（2）得四果已，甚大欢喜，设诸肴膳**种种**香花，请少比丘，报其恩德，与少比丘共论道品无漏功德。（0494a23）

三是"种种 + 代词 + 名词"。例如：

（1）设失我子，忧愁憔悴，命必不全，冀其出家法服持钵，敷演甘露，如此**种种**诸事，必不得见。（0496b29）

还可以作状语。例如：

（1）父母之力，假使左肩担父，右肩担母，行至百年复**种种**供养，犹不能报父母之恩。（0455c11）

（2）子我常**种种**为汝说法，斗诤求胜，终不可得。（0459b08）

用作宾语。例如：

（1）如是**种种**为其说法。（0459c05）。

第八章

《杂宝藏经》副词研究

第一节　程度副词

最:表示程度之极,与普通话基本一致,出现31次,大多构成"最+为+形容词"的形式。例如:

(1)刖人答言:"我**最**苦饿。"(0482a28)

(2)比丘尼中,善解契经,**最为**第一。(0450b27)

(3)是僧福田,**最为**深重。(0469a15)

极:出现次数最多,达80次。例如:

(1)弟婆罗陀,**极**为和顺,实无异意。(0447b06)

(2)此未为难,我过去世中,供养父母,乃**极**为难。(0447c23)

(3)诸比丘言:"希有世尊! 如来**极**能赞叹父母。"(0449a08)

更:出现72次。例如:

(1)故将兵众,用自防卫,**更**无余意。(0447b24)

(2)自此已去,**更**无好处,不如即住。(0451a14)

(3)**更**无所求,唯愿大王去此恶法。(0455c11)

特:副词义表示程度深,出现1次。例如:

（1）三人并命,苦痛**特**剧,宁杀一人,存二人命。（0448a08）

甚大:出现 9 次。例如:

（1）时有天女,头戴华鬘,华鬘光明,**甚大**晃曜,共诸天众,来集善法堂上。（0471b29）

（2）王得白象,**甚大**欢喜,即时庄严,欲伐彼国。（0472a04）

（3）第三不止,其疱转大如瓠,身体壮热,入冷池中,能令冰池**甚大**沸热,疱疮尽溃,实时命终,堕摩诃优波地狱。（0461a23）

极大:出现 19 次。例如:

（1）王闻是已,**极大**踊悦。（0450a07）

（2）城中甚似**极大**快乐,是故不及来迎于我。（0451b08）

（3）有一大臣,信心三宝,于后而至,闻见斯事,**极大**懊恼。（0495c23）

转:出现 13 次。例如:

（1）转为众人之所体信,远近投趣,获利**转**多,日十六钱,奉给于母。（0450c21）

（2）年**转**老大,子为掘地,作好屋舍,以父着中,与好饮食。（0455b22）

（3）王**转**增瞋恚,又见被打,皆啼哭懊恼,王倍瞋剧。（0459a22）

倍加:出现 6 次。例如:

（1）于是后日,更设燕会,夫复独去,妇于室内,**倍加**恳恻,而发愿言。（0457b26）

（2）深乐大法,**倍加**精进,未久行道,得阿罗汉。（0459c21）

（3）既来到已,辅相见其精勤用行,**倍加**供养。（0460b14）

倍增:出现 3 次。例如:

（1）闻是语已,**倍增**断绝,而作是言。（0495b11）

（2）王闻是语,**倍增**忧恼,发声大哭,扬声大唤。（0496b29）

（3）老婆罗门信以为然,**倍增**爱重。（0497c13）

第二节　范围副词

都：出现 40 次。例如：

(1) 我今于尔,所有财宝**都**无悋惜。(0447a17)

(2) 又遍募问,**都**无知者。(0449b25)

(3) 便复结咒,使王军众**都**不能动。(0463c18)

共：出现 88 次。例如：

(1) 我今与汝生死**共**同,有何急缓而不见语?(0447c26)

(2) 群臣**共**议,无能知者。(0449b20)

(3) 不乐欲与道人**共**事,亦不乐于读经行道。(0454b13)

就：出现 15 次。例如：

(1) 夫人名不善意,有子法护,聪明慈仁,**就**师教学。(0456c16)

(2) 常于僧次,而请沙门,**就**家供养。(0479c04)

(3) 启门**就**看,方知非鬼。(0480b02)

皆：义同副词"都",出现 3 次。例如：

(1) 闻声见形,**皆**能加害,无能当者。(0447a17)

(2) 众人**皆**言从陆道去,即从陆道。(0451a14)

(3) 一切众生,**皆**有三火:贪欲、瞋怒、愚痴之火。(0455a08)

尽：出现 26 次。例如：

(1) 臣来应答,**尽**是父智,非臣之力。(0450a07)

(2) 商主来还,**尽**归财物。(0451a14)

(3) 我终不免,愿使一切应受苦者**尽**集我身。(0451b28)

独：义为"独自;单独",出现 17 次。例如：

(1) 至彼山际,留众在后,身自**独**往。(0447b21)

(2) 唯有阿难,**独**在佛后。(0488c26)

（3）汝**独**一身,何能坐此?（0481b17）

唯:包括2个义项:一是"希望、祈使";二是"只有、只是"。涉及2个字形:一是"唯",出现59次;二是"惟",出现2次。例如:

（1）**唯**愿大王! 一切国土,还听养老。（0450a07）

（2）我等**唯**依凭佛,可免火难。（0455a04）

（3）相师占之,福德具足,**唯**有短寿命。（0469a24）

分别:作副词用,出现2次。例如:

（1）善哉贤帝释! **分别**问所疑。（0477a17）

（2）若汝之所问,我当**分别**说。（0477a17）

（3）谁能**分别**识此珠者?（0480c23）

悉皆:出现12次。例如:

（1）如是所问,**悉皆**答之。（0450a05）

（2）时世大旱,山中果蓏根茎枝叶,**悉皆**枯干。（0454b21）

（3）见诸镬汤,**悉皆**煮人,唯见一镬炊沸空停。（0486b01）

咸皆:出现5次。例如:

（1）诸婆罗门,初得粗食,**咸皆**忿恚,作色骂詈。（0489c25）

（2）众鸟既还,见有此事,**咸皆**瞋责,而此鹳雀,拒言我不。（0497c26）

（3）于初成道夜,生罗睺罗,举宫婇女,**咸皆**惭耻,生大忧恼,而作是言。（0496b13）

都悉:出现1次。例如:

（1）宫室屋宅,**都悉**成就。（0458a23）

第三节　语气副词

岂:表示反诘语气,出现9次。例如:

（1）汝二国王,应除怨恶自安其国,**岂**不快乎?（0456b04）

（2）**岂**可得不留与兄耶？（0456b25）

（3）夫以华报，所感如此，况其果报，**岂**可量也？（0459c25）

可：出现 69 次。例如：

（1）弟知兄意终不**可**回，寻即从兄。（0447c02）

（2）百千无量，不**可**称计。（0451b28）

（3）乌提延王恐怖而言："一力士尚不**可**当，何况五百力士？"（0452a21）

何必：出现 2 次。例如：

（1）若俱得道，**何必**出家？（0492c24）

（2）**何必**孜孜，受世供养？（0498b06）

亦：表示判断、确认语气，出现 137 次。例如：

（1）非但今日赞叹慈孝，于无量劫常**亦**赞叹。（0448b05）

（2）群臣共议，无能知者，**亦**募国内，复不能知。（0449b20）

（3）二者于贤圣所，**亦**作不善。（0452b23）

乃：同"亦"，出现 62 次。例如：

（1）远置深山，经十二年，**乃**听还国。（0447b12）

（2）非但今日能得安立，**乃**于往昔，已曾安立。（0454b19）

（3）如佛所说，无上断灭爱结解脱，得正解脱者，此**乃**尽得一究竟一无垢一究竟梵行。（0477c12）

必定：表示推测语气，出现 3 次。"必"单独出现 64 次，"定"单独出现 6 次。例如：

（1）辅相**必定**瞋不共语。（0460b28）

（2）于三菩提，不过期限，**必定**得之。（0478c01）

（3）若我去者，**必定**多得。（0498b06）

将非：表示推测、揣度语气，出现 3 次。例如：

（1）睒摩迦父时语妇言："我眼瞤动，**将非**我孝子睒摩迦有衰患不？"妇复语夫："我乳**亦**惕惕而动，**将非**我子有不祥事不？"（0448b22）

（2）**将非**我子死耶？（0496b29）

颇：表示肯定语气，出现 10 次。例如：

（1）世**颇**有人饥穷瘦苦剧于我不？（0449c03）

（2）今此狱中，**颇**有受罪如我比不？（0451b28）

（3）**颇**有智慧聪辩之人，咨询疑事。（0492c24）

第四节　处所副词

处处：出现 3 次。例如：

（1）乃于老者生嫉妒心，**处处**诽谤。（0465c01）

（2）于是行化，**处处**乞索。（0482c06）

（3）一切地狱，刀剑解形，分散**处处**。（0492c24）

第五节　时间、频率副词

已：出现 266 次。例如：

（1）正欲废长，**已**立为王。（0447a28）

（2）王闻是**已**，心怀懊恼。（0449b07）

（3）白父母**已**，便取水去。（0448b07）

已经：出现 1 次。例如：

（1）悉达太子，出家学道，**已经**六年。（0496b13）

曾：出现 41 次。例如：

（1）然十奢王，从少已来，未**曾**违信。（0447a28）

（2）未**曾**闻事而得闻解。（0449a27）

（3）亦**曾**为彼诸人，作大利益。（0455a14）

正：出现 5 次。例如：

（1）我**正**不道，恐命不全；正欲具道，无颜之甚。（0492c01）

（2）来贡于王，**正**为斯梦。（0490b28）

（3）时遣人看，**正**值估客，以手触之，其体尚暖，谓为新死。（0480b02）

将：出现 9 次。例如：

（1）见已欢喜，情甚疑怪，**将**诣佛所，而白佛言……（0457c26）

（2）便将其母，至旷野中，缚结手足，**将**欲加害。（0493b22）

（3）其后王人，不肯待住，遂**将**杀去。（0459b08）

渐渐：出现 8 次。例如：

（1）其后**渐渐**年岁已满。（0447c02）

（2）仙人知是己女，便取畜养，**渐渐**长大。（0451c14）

（3）离主人舍，**渐渐**欲远，彼婆罗门，语老婆罗门言……（0497c13）

再：出现 3 次，其中"再三"出现 1 次。例如：

（1）女人之体形不**再**现。（0480b02）

（2）如是**再**三，王故言不好。（0486b14）

（3）师子之座，法无**再**坐。（0495b11）

则：出现 20 次。例如：

（1）水没齐画，**则**知斤两。（0449b22）

（2）有憎爱必有贪嫉，无憎爱贪嫉**则**灭。（0477a27）

（3）迦叶实言，血**则**寻止。（0481a24）

犹故：出现 6 次。例如：

（1）尔时其夫，**犹故**未寤，还以钥匙，系着腰下。（0457c26）

（2）如来云何**犹故**活之？（0464c10）

（3）**犹故**不如施持戒人一钵之食，况复听法？（0470b21）

便即：出现 10 次。逆序构成连词"即便"，出现 59 次。例如：

（1）**便即**观之，是何因缘？（0448a20）

（2）**便即**往看，谁作此言？（0448b14）

（3）**便即**与之，而语王言："当生五百王子。"（0451c25）

次第:义为"依次;按照顺序或依据一定顺序;一个接一个地",出现 2 次。例如:

(1)降伏诸国,**次第**来到梵豫王国。(0453a07)

(2)我当何时,**次第**及我,得为上座,用此咒愿?(0479c16)

第六节 情态、方式副词

亲自:出现 1 次,还有"躬自""手自"二词,分别出现 2 次。例如:

(1)今日我**亲自**生天,诸天众增长,阿须伦减少。(0476c14)

(2)王与长者,**躬自**出迎,使亦与王,还来见佛。(0482b20)

(3)贫道今者未堪为王作福田也,胡为**躬自**枉屈神驾。(0484a12)

(4)时长者子,**手自**行食,上座言:"少着。"(0469b08)

(5)时王见之,便生恶心,**手自**把土,用坌尊者,语左右言。(0495c23)

忽然:出现 2 次。例如:

(1)如来**忽然**在其屋中,婆罗门妇,见已默然都不与语。(0485a09)

(2)门外**忽然**有五百乘车,各载宝钵,盛满金粟。(0491b09)

单独:仅出现 1 次。例如:

(1)今日以我出家**单独**,便见欺打。(0459b08)

私自:出现 2 次。例如:

(1)设种种馔,供养众僧,**私自**思惟。(0467b26)

(2)王见欢喜,心生敬重,如是数时,**私自**念言。(0467c17)

第七节 肯定、否定副词

必:出现 64 次。例如:

（1）掷着水中，根者必沈，尾者**必**举。（0449c29）

（2）若尽此身，不能灭者，更受来身，誓**必**灭之。（0455a16）

（3）**必**有异人，毁谤于我，使彼尔耳。（0460c19）

不：出现889次。例如：

（1）如是殷勤，苦求**不**已。（0447b24）

（2）弟知兄意终**不**可回，寻即从兄。（0447c02）

（3）父先与弟，我**不**宜取。（0447c09）

未：出现50次。例如：

（1）然十奢王，从少已来，**未**曾违信。（0447a28）

（2）此**未**为难，我过去世中，供养父母，乃极为难。（0447c23）

（3）**未**曾闻事而得闻解，名称远达，智者所敬。（0449a27）

勿：义为"别、不要"，出现6次。例如：

（1）自今已后，常于此取，**勿**复疑难。（0449a14）

（2）慎**勿**举手，莫生恶心，若生恶心，皆堕地狱。（0452b06）

（3）尔**勿**忧恼，听我核实。（0498a22）

不曾：出现6次。例如：

（1）以绝母发故，今得戴铁火轮，**不曾**堕地。（0451b18）

（2）徒伴之中有一婆罗门女，邪见不信，**不曾**受斋持戒，见诸女人共聚斋食。（0473c28）

（3）慈童女语狱卒言："汝道此轮，**不曾**有堕。今何以堕？"（0451b28）

第九章

《杂宝藏经》介词研究

第一节　介引时间

于：出现289次。例如：

（1）于过去世，雪山之中，有一鹦鹉。（0449a09）

（2）我于过去无量劫中。（0449b01）

（3）离舍既远，于其路中，见一婆罗门，便共为伴，于其日暮，一处共宿，至明清旦，复共前行。（0497c13）

在：出现123次。例如：

（1）有一大臣，其父年老，依如国法，应在驱遣。（0449b03）

（2）时王遇患，命在危惙，即立太子罗摩，代己为王。（0447a25）

（3）汝父在时，常入海采宝。汝今何为不入海也？（0450c27）

当：出现8次。例如：

（1）当弟来时，罗漫语兄言："先恒称弟婆罗陀义让恭顺，今日将兵来，欲诛伐我之兄弟？"（0447b21）

（2）当于尔时，为徒众主，骂诸贤圣胜尼为婢，以此因缘，今属于他。（0450c02）

（3）净饭王当于尔时，在楼阁上，见此大地六种震动奇异相现，白净王见是相已，谓菩萨死，忧箭入心，生大苦恼。（0496b29）

自：出现 11 次。例如：

（1）**自**今已后，常于此取。（0449a14）

（2）**自**今已后，洗手洗钵。（0474b27）

（3）我**自**少以来，无侵世物。（0497c13）

从：出现 6 次。例如：

（1）**从**少已来，未曾违信。（0447a28）

（2）**从**今饥困，无人供养耳。（0448b14）

（3）睒摩迦**从**昔已来，慈仁孝顺。（0448c27）

（4）**从**是以后，二国和好。（0456b17）

至：4 次。例如：

（1）以谤他故，于无量劫，受大苦恼，乃**至**今日，为孙他利之所毁谤。（0460c24）

（2）乃**至**今日，余殃不尽。（0457a18）

（3）**至**七日头，还归师所。（0468b13）

到：出现 2 次。例如：

（1）**到**六日头，垂欲作会。（0468b13）

（2）**到**后日中，有诸人等。（0481c17）

临：出现 6 次。例如：

（1）**临**死之时，见佛欢喜。（0482a24）

（2）**临**命终时，约敕儿子。（0470b21）

（3）贼**临**被杀，遥见佛欢喜而生天缘。（0480c09）

向：出现 56 次。例如：

（1）**向**时尊者，为我说法。（0484a12）

（2）提婆达多，于众人前，**向**佛忏悔，呜如来足。（0464a16）

（3）实时天女，**向**世尊所，佛为说法，得须陀洹道而还天上。（0475a03）

第二节　介引处所

于:出现 136 次。例如:

(1)佛于忉利天上为摩耶说法缘。(0447a11)

(2)常置革屣于御坐上,日夕朝拜问讯之义,如兄无异。(0447c02)

(3)其王闻其声,寻以弓箭,投之于地,便即往看,谁作此言?(0448b14)

在:出现 236 次。例如:

(1)时萨㲲菩王,在于下流,与诸婇女,游戏河边。(0452a08)

(2)是菩萨人,如鸠留孙佛时,有一仙人,名曰定光,共五百仙人,在于山林中草窟里住。(0461b13)

(3)时有妇人,偶行在此。(0461b13)

当:出现 6 次。例如:

(1)先彼道人,于虚空中,当王殿前,结加趺坐。(0467b09)

(2)此处清净,远离诸恶,阿练若处,安隐坐禅,当今佛边,多饶尊胜诸天侧塞,满其左右。(0476a28)

(3)当次会处,饮食粗恶。(0457a06)

从:出现 15 次。例如:

(1)昔恶生王,游观林苑,园中堂上,见一金猫,从东北角,入西南角。(0491a14)

(2)见黄云盖,从河上流,随水而来。(0453a02)

(3)时仇伽离,于其身上,即生恶疮,从头至足,大小如豆。(0461a23)

由:出现 3 次。例如:

(1)调戏实由八正道而灭,我今从佛得闻此义,疑网即除。(0477b15)

(2)道由树下,见一比丘,形体甚悴,灶前然火。(0483c19)

(3)愿今为我说,何由而得之?(0472c20)

向：介词义"朝向"出现 36 次。例如：

（1）时南天竺，有二比丘，闻祇夜多有大威德，来**向**罽宾，到其住处。（0483c19）

（2）白象实时，**向**大树所，自拔牙出。（0454a18）

（3）说此偈已，来**向**佛所。（0473a02）

第三节　介引对象

于：出现 335 次。例如：

（1）若**于**父母，不生敬重。（0451c12）

（2）若有不孝**于**父母者，当重治其罪。（0455c11）

（3）既至国已，弟还让位而与**于**兄。（0447c09）

（4）我今**于**尔，所有财宝都无吝惜。（0447a17）

（5）以一掬水，施**于**佛僧及以父母、困厄病人。（0449b27）

介引比较的对象。例如：

（1）恭敬孝顺，倍胜**于**常。（0447b15）

（2）炽盛丰满，十倍**于**常。（0447c15）

（3）乘此善因，生彼天宫，重**于**我所。（0482a24）

介引行为的主动者，表示被动。例如：

（1）汝**于**尊长所亲，何以自损？（0496b13）

（2）若迎父王，还复王位，必杀**于**王，王若立者，须害父王。（0495b11）

（3）遇逢**于**贼，斩其一臂，不孝之罪，寻即现报。（0492c18）

以：介引动作涉及的对象，出现 236 次。例如：

（1）愿**以**我子为王，废于罗摩。（0447a28）

（2）寻召还国，**以**用为王。（0447b15）

（3）持己所饮余残之酒，**以**与夫人。（0460a07）

为：出现 298 次。例如：

义为"给"，介引对象，读去声。例如：

（1）昔佛在世，大爱道为佛作金缕织成衣，赍来上佛。（0470a15）

（2）佛于忉利天上为母摩耶说法缘。（0450a19）

（3）尔时阿阇世王，为提婆达多日送五百釜饭，多得利养。（0465b20）

表示被动，介引动作的发出者。例如：

（1）子为其父所逼出家生天缘。（0480c17）

（2）昔在人中，为王所杀，临死之时，见佛欢喜。（0482a24）

（3）世尊！以何因缘？尊者舍利弗、目连等，为他重谤？（0461b03）

向：出现 37 次。例如：

（1）兄弟相将，共至辅相所，以此言论，向辅相说。（0456b25）

（2）悔不至佛边，便往佛所，向佛忏悔。（0453c25）

（3）向王看，然后惭愧。（0458c25）

与：出现 34 次。例如：

（1）时萨躲菩王，在于下流，与诸婇女，游戏河边。（0452a08）

（2）尔时其子，即白母言："我今欲与诸贾客等远行商估。"（0450c08）

（3）将不与他私通，日日恒去。（0473c14）

共：出现 165 次，其中，作介词介引对象 21 次。例如：

（1）尔时复有一天女，头上华鬘，光明晃曜，共诸天众，来集善法堂上。（0472a04）

（2）共五百仙人，在于山林中草窟里住。（0461b13）

（3）有一商主，名不识恩，共五百贾客，入海采宝。（0464b14）

从：出现 20 次。例如：

（1）尔时释提桓因，从佛闻法，得须陀洹，即还天上，集诸天众，赞佛法僧。（0471b29）

（2）贫女从佛乞食生天缘。（0475a20）

（3）我从佛闻信解此义，疑网即除。（0477b03）

被：介引动作行为发出者，由动词义"遭受"虚化而来，出现59次。例如：

（1）王转增瞋恚，又见**被**打，皆啼哭懊恼，王倍瞋剧。（0459a22）

（2）尔时如来，**被**迦陀罗刺其脚足，血出不止，以种种药涂，不能得差。（0481a24）

（3）又复过去忍辱仙人，**被**他刖耳鼻手足，犹尚能忍。（0459b08）

第四节 介引原因和目的

由：出现73次。例如：

（1）**由**我前身不作福故，今日贫穷。（0468b13）

（2）今舍利弗，所以得者，正**由**咒愿适长者意，故获是施。（0479c16）

（3）愿今为我说，何**由**而得之？（0472c20）

"由"与"是"构成合成词"由是"，表示原因。例如：

（1）**由是**之故，故我敢来。（0449a14）

（2）此诸人民，迦叶佛时，受持五戒，**由是**因缘，今得见谛，获须陀洹道。（0455b05）

（3）**由是**之故，国中宝物，遂至大贵，诸人称传，恶名流布。（0485a26）

为：出现45次。例如：

（1）**为**我食故，能舍身命。（0454b21）

（2）王唯有一子，何**为**杀我？（0456c16）

（3）**为**此村落作大利益，聚落火灭，心垢亦灭。（0455a12）

因：出现25次。例如：

（1）欲**因**觉生，缘觉观增长，有觉观则有欲，无觉观欲则灭。（0477b05）

（2）贪嫉**因**憎爱生，憎爱为缘。（0477a27）

（3）父语女言："汝**因**我力，举宫爱敬。"（0458a23）

以：与"故"搭配，组成"以……故"格式，出现8次。例如：

（1）**以**谤他故，于无量劫，受大苦恼，乃至今日，为孙他利之所毁谤。（0460c24）

（2）妇追忆夫，愁忧苦恼，**以**追忆故，修治浮图及与僧坊，如夫在时。（0473b20）

（3）**以**受戒故，得值如来，闻法获道，以雁身中听法因缘，生于天上。（0488c20）

缘：与"是"搭配，构成合成词"缘是"，介引原因，出现 45 次。例如：

（1）**缘是**福庆，生生尊贵。（0491a06）

（2）**缘是**之故，得免重罪。（0461b13）

（3）**缘是**之故，婢常因嫌，每以杖捶，用打羯羘。（0499a14）

第五节　介引凭借和方式

以：出现 45 次。例如：

（1）时王遇患，命在危惙，即立太子罗摩，代己为王，**以**帛结发，头著天冠，仪容轨则，如王者法。（0447a25）

（2）兄有勇力，兼有扇罗，何**以**不用，受斯耻辱？（0447b06）

（3）**以**一掬水，多于大海，谁能知之？（0449b25）

用：出现 34 次。例如：

（1）嫌其供养佛塔，**用**钻钻杀。（0473a26）

（2）**用**天祀物，命终作牛。（0492b02）

（3）时彼少妇，设种种计，**用**惑其夫。（0497b29）

因：出现 45 次。例如：

（1）先**因**卖薪，适得三钱。（0491a14）

（2）时**因**僧次，得作上座。（0479c16）

（3）以还听故，要**因**其妇，得大富贵。（0458b27）

第十章

《杂宝藏经》连词研究

第一节　联合连词

包括并列连词、承接连词、选择连词、递进连词、比较连词 5 类。

10.1.1　并列连词

与:出现 22 次。例如:

(1)王与群臣,复不能辩,复募国界,无能解者。(0449b16)

(2)我尽教以净法故,贫穷困苦,信与不信,我今亦当教以善法,使供养佛僧。(0474a15)

(3)王与长者,欲见如来,唯愿世尊! 乘此车上,往到舍卫。(0482b20)

及:出现 28 次。例如:

(1)尔时如来降化外道邪见六师,及其眷属,悉使破尽。(0488b01)

(2)尔时僧次,次舍利弗及摩诃罗,至长者家,长者见已,甚大欢喜。(0479c04)

(3)我今手足及以头,一切财钱及刀仗,唯有精进不着汝。(0487c09)

而:出现 465 次。例如:

（1）父母年老，**而**眼俱盲，常取好果鲜花美水，以养父母，安置闲静无怖畏处。（0448b07）

（2）其主来至，头面礼佛，却住**而**立。（0450b24）

（3）见黄云盖，从河上流，随水**而**来。（0453a02）

还可以连接状语与中心语。例如：

（4）时梵摩达王，游猎**而**行，见鹿饮水，挽弓射之。（0448b12）

（5）既至儿所，搥胸懊恼，号咷**而**言……（0448c12）

（6）值乌提延王游猎，见彼人舍有七重莲华，怪**而**问之……（0451c25）

并：出现 34 次。例如：

（1）释提桓因，即将其子**并**其父母，使得一处，见彼国王。（0448a29）

（2）渐渐前进，**并**近于城，亦无玉女来迎之者。（0451b08）

（3）力士知之，请二尊者**并**五百弟子，安置止宿，供给衣食。（0487a18）

并及：出现 6 次。例如：

（1）时有夜叉鬼，与此龙王**并及**其妇，往返亲善，闻龙妇语。（0495b11）

（2）佛寻遣迦栴延，还化其国王，**并及**人民。（0489b21）

（3）优陀羡王，愍念其子**并及**国人，欲来教化劝令修善。（0495b11）

逮：出现 1 次。例如：

（1）复以何因缘，**逮**得罗汉？（0457a16）

共：出现 25 次。例如：

（1）有一仙人，名曰定光，**共**五百仙人，在于山林中草窟里住。（0461b13）

（2）有一商主，名不识恩，**共**五百贾客，入海采宝。（0464b14）

（3）见他长者悉往寺中，作大施会，来归家中，**共**妇止宿。（0468b13）

及以：出现 15 次。例如：

（1）若有人能信心清净，以一掬水，施于佛僧**及以**父母、困厄病人，以此功德，数千万劫，受福无穷。（0449b27）

（2）用几许物，可得供佛**及以**众僧？（0466a23）

（3）若欲说法咒愿,当解时宜,应修习布施,持戒,忍辱,精进,禅定,智慧,忧悲喜乐,宜知是时**及以**非时,不得妄说。（0480b21）

及与:出现 5 次。例如:

（1）以此树叶触人身者,所有毒气,**及与**热病,悉皆得除。（0481a12）

（2）汝以手脚**及与**头,一切诸物悉以着,余人何物而不着?（0487b23）

（3）一切众生,**及与**人鬼,悉皆微灭,无可逃避,无可恃怙,不可救济。（0488c26）

及于:出现 2 次。例如:

（1）我昔归依佛,并**及于**法僧,以是因缘故,而获此果报。（0475a15）

（2）今我之力,正可助汝,**及于**今日,修行布施,然后可富。（0491c20）

兼:出现 4 次。例如:

（1）兄有勇力,**兼**有扇罗,何以不用,受斯耻辱?（0447b06）

（2）婆罗门闻王此梦,素嫌于王,**兼**嫉尊者,因王此梦言……（0490a26）

（3）其一夫人,名曰有相,姿容奇特,**兼**有德行,王甚爱敬,情最宠厚。（0495a02）

且:出现 4 次。例如:

（1）非法人所贪**且**悭,不信无惭不受言,于彼恶所默然乐。（0461c22）

（2）如何今者而见网捕?**且**田者如母,种子如父,实语如子,田主如王,拥护由己。（0449a14）

（3）俱不可闭,**且**置而去。（0485c12）

10.1.2　承接连词

则:出现 20 次。例如:

（1）即以此船,量石着中,水没齐画,**则**知斤两。（0449b22）

（2）爱憎从欲而生,无欲**则**灭。（0477b02）

（3）第二力者,热病之人,见**则**除愈,光触其身,亦复得差。（0480c23）

乃:出现 76 次。例如:

（1）提婆达多，心常怀恶，欲害世尊，**乃**雇五百善射婆罗门，使持弓箭，诣世尊所。（0464b04）

（2）时十奢王，即徙二子，远置深山，经十二年，**乃**听还国。（0447b12）

（3）阿练比丘，不肯受之，殷勤强与，然后**乃**受，（0460b28）

就：出现 1 次。例如：

（1）时女父国王，虽闻其言，犹怀不信，庄严兵仗，启门**就**看，方知非鬼。（0480b02）

便：出现 235 次。例如：

（1）佛时游行，到居荷罗国，**便**于中路一树下坐。（0450b16）

（2）时释提桓因，宫殿震动，**便**即观之，是何因缘？（0448a20）

（3）说是偈已，来向佛所；佛为说法，得须陀洹，**便**还天上。（0473a19）

于是：出现 36 次。例如：

（1）**于是**兔便自拾薪聚，又语仙人："必受我食，天当降雨，汝三日住，华果还出，便可采食，莫趣人间。"（0454b21）

（2）猎师**于是**遂便得近，以毒箭射。（0454a18）

（3）**于是**前行，到石室城，既到城门，惨然变色。（0483b07）

然后：出现 14 次。例如：

（1）我有四果，须得好食，**然后**相与。（0494a23）

（2）阿练比丘，不肯受之，殷勤强与，**然后**乃受。（0460b28）

（3）得比图醍心祀火，得血而饮，**然后**可活。（0487c28）

而：出现 265 次。例如：

（1）第三夫人，王甚爱敬，**而**语之言……（0447a17）

（2）王便悲泣，**而**说偈言："我为斯国王，游猎于此山，但欲射禽兽，不觉中害人。"（0448c01）

（3）遥见铁城，心生疑怪，**而**作是念言："外虽是铁，内为极好。"（0451b08）

而便：出现 2 次。例如：

（1）他人见其迹迹有莲华，**而便**语言："绕我舍七匝，我与汝火。"
（0451c14）

（2）其父便去，少得学读，**而便**还家。（0455b22）

遂：出现 41 次。例如：

（1）共诸商贾，**遂**入于海。（0450c27）

（2）乘此善因，今得生天，**遂**于我所，闻法证果。（0482c13）

（3）其父不听，代其使役，强驱出家，**遂便**欢喜。（0483a15）

遂复：出现 3 次。例如：

（1）**遂复**前进，被打狂走。（0479c16）

（2）**遂复**渐差，日得八钱，供养于母。（0450c21）

（3）**遂复**作会，贫长者子，犹故如前，不将妇来，诸人便共重加谪罚。
（0457b26）

即：出现 453 次。例如：

（1）罗摩兄弟，**即**奉父敕，心无结恨。（0447b12）

（2）时王遇患，命在危惙，**即**立太子罗摩，代己为王。（0447a25）

（3）时十奢王，**即**徙二子，远置深山，经十二年，乃听还国。（0447b12）

10.1.3 选择连词

选取式选择连词。如下：

或：出现 40 次。例如：

（1）世间人民，**或**有一子，**或**五三子，而汝杀害。（0492a13）

（2）**或**饿鬼作，**或**毗舍作，**或**毒所作，**或**恶咒作，**或**蛊道作，**或**毗陀罗
咒作，**或**是恶星作，**或**诸宿作。（0478c28）

（3）特望我子为转轮圣王，**或**成佛道。（0496b29）

析取式选择连词。如下：

宁：出现 12 次。例如：

（1）三人并命，苦痛特剧，**宁**杀一人。（0448a08）

（2）我**宁**杀身，出家扫地，不复还俗。（0483a08）

（3）我**宁**刺法护咽中，取血而饮，不饮此酒。（0456c16）

宁可：出现 2 次。例如：

（1）如我今者，虽有大力、扇罗，**宁可**于父母及弟，所不应作而欲加害。（0447b06）

（2）而于今者，**宁可**死耶？（0498a22）

不如：出现 13 次。例如：

（1）汝前后所住，常得好处，自此已去，更无好处，**不如**即住。（0451a14）

（2）若有人得十万舍金，亦复**不如**施持戒人一钵之食，况复听法？（0470a29）

（3）我等徒众，都破散尽，**不如**烧身早就后世。（0488b01）

10. 1. 4　递进连词

不但：出现 5 次。例如：

（1）**不但**今日，昔雪山中，有鸟名为共命，一身二头。（0464a07）

（2）**不但**今日，我于过去无量劫中，恒恭敬父母耆长宿老。（0449b01）

（3）**不但**今日，于过去世，雪山之侧，有山鸡王，多将鸡众，而随从之。（0465a15）

非但：同"不但"，出现 27 次。例如：

（1）**非但**今日能得安立，乃于往昔，已曾安立。（0454b19）

（2）**非但**今日为作利益，于过去世，亦曾为彼诸人，作大利益。（0455a14）

（3）**非但**今日，乃往过去亦复如是。（0486b12）

尚：出现 17 次。例如：

（1）一力士**尚**不可当，何况五百力士？（0452a21）

（2）我虽是鸟，**尚**知其非，今当诣彼为说善道。（0485a26）

（3）我子悉达，本在家时，闻有五欲，耳**尚**不听，况当有欲而生于子？

（0496c26）

犹尚：出现 6 次。例如：

（1）设汝今有万死之罪，**犹尚**不问，况小罪过。（0450a07）

（2）王所约敕，假使是狗，**犹尚**不辞，何况王女而不可也？（0457b26）

（3）同生兄弟，**犹尚**如此，况于外人？（0470b21）

况：出现 28 次。例如：

（1）犹尚不问，**况**小罪过。（0450a07）

（2）**况**我今日，身形固完而当不忍？（0459b08）

（3）同生兄弟，犹尚如此，**况**于外人？（0470b21）

况复：出现 8 次。例如：

（1）若我头手脚可然之者，犹为众僧而用然火，**况复**然薪？（0483c19）

（2）诽谤贪嫉，能使贤圣犹尚灭身，**况复**凡夫？（0457a06）

（3）有人得满四天下金，犹故不如施持戒人一钵之食，**况复**听法？（0470b21）

何况：出现 3 次。例如：

（1）假使是狗，犹尚不辞，**何况**王女而不可也？（0457b26）

（2）**何况**定光，升虚空中，有大神变，而有欲事？（0461b13）

（3）一力士尚不可当，**何况**五百力士？（0452a21）

10.1.5 比较连词

不如：出现 23 次。例如：

（1）我等徒众，都破散尽，**不如**烧身早就后世。（0488b01）

（2）若我远去，父母盲老，**不如**调顺往至王所。（0456a10）

（3）假使有人得金十万，**不如**有人以一钵食施持戒者，况能信心须臾听法，复胜于彼百千万倍。（0470a29）

第二节　偏正连词

包括转折连词、因果连词、假设连词、让步连词、目的连词6类。

10.2.1　转折连词

但是：出现 1 次。例如：

（1）辅相答言："师所约敕，**但是**比丘，不敢违逆。"（0460b14）

不过：出现 3 次。例如：

（1）海水极多，**不过**一劫。（0449b27）

（2）世间有毒，**不过**三毒，我尚消除，有何小毒能中伤我？（0487c18）

（3）汝之翅羽所取之水，**不过**数滴，何以能灭如此大火？（0455a16）

而：出现 15 次。例如：

（1）彼象爱于善贤，**而**不爱我。（0454a06）

（2）未曾闻事**而**得闻解，名称远达，智者所敬。（0449a27）

（3）况我今日，身形固完**而**当不忍？（0459b08）

然：出现 21 次。例如：

（1）唯生一子，**然**此一子，多有儿息。（0455b22）

（2）**然**婆罗陀，素与二兄，和睦恭顺，深存敬让。（0447b15）

（3）提婆达多，作种种因缘，欲得杀佛，**然**不能得。（0464c01）

然而：出现 1 次。例如：

（1）沙门婆罗门，生忠孝心，恭敬礼拜，**然而**不能为施床坐煴暖敷具。
（0466a15）

然复：出现 1 次。例如：

（1）敷具饮食，听法解义，**然复**不能如说修行。（0466b09）

10.2.2 因果连词

所以：出现 32 次。例如：

（1）尔舍**所以**有此莲华？（0451c25）

（2）王女**所以**不来会者，必当端正异于常人。（0457c26）

（3）今舍利弗，**所以**得者，正由咒愿适长者意，故获是施。（0479c16）

是故：出现 21 次。例如：

（1）或当绝丑，**是故**不来。（0457c26）

（2）**是故**行者，应当勤心作诸功德，莫于小善生下劣想。（0479b26）

（3）一切狡猾谄伪诈惑，外状似直，内怀奸欺，**是故**智者，应察真伪。
（0497b29）

故：出现 12 次。例如：

（1）恐涉道路，逢于贼难，**故**将兵众，用自防卫。（0447b24）

（2）梵摩达王，募索汝牙，**故**来欲取。（0454a18）

（3）由是之故，**故**我敢来，采取稻谷。（0449a14）

是以：出现 19 次。例如：

（1）此老母者，五百生中，曾为我母，爱心未尽，**是以**抱我。（0450b19）

（2）以此因缘自致成佛，**是以**今日，亦复赞叹孝顺之法也。（0455c27）

（3）后提婆达多，与阿阇世王作恶知识，欲害佛法，**是以**国土怖畏，不
复然灯供养。（0472b25）

因：出现 149 次。例如：

（1）**因**此象故，王即宣令一切国内。（0456a10）

（2）女**因**扫地见佛生欢喜生天缘。（0471b18）

（3）憍尸迦！贪嫉**因**憎爱生，憎爱为缘，有憎爱必有贪嫉，无憎爱贪
嫉则灭。（0477a27）

"因"和"此"组合，构成"因此"，出现 2 次。例如：

（1）先迦尸国人，恶贱父母，无恭敬心，**因**此象故，王即宣令一切国

内。(0477b20)

(2)比丘能修行正道分,实自**因此**三事增长。(0477b20)

10.2.3　假设连词

若:出现56次。例如:

(1)凡一切法,于可求处,**若**以方便,可得;**若**不可求,虽欲强得,都不可获。(0493c06)

(2)**若**有人欲得梵天王在家中者,能孝养父母,梵天即在家中。(0455b10)

(3)**若**有解者,欲求何事,皆满所愿。(0455c11)

(4)**若**有好心,必有利益;**若**无好心,反为恶害。(0465c01)

(5)**若**不孝养恭敬父母者,当与大罪。(0456a10)

假使:出现5次。例如:

(1)父母之力,**假使**左肩担父,右肩担母。(0455c11)

(2)我今于兄倍信敬,**假使**遭苦极困厄,终不复作诸恶事。(0461c22)

(3)王所约敕,**假使**是狗,犹尚不辞,何况王女而不可也?(0457b26)

若当:出现8次。例如:

(1)诸玉女等,恋慕我故,作是语耳,**若当**前进必有好处。(0451a14)

(2)**若当**遮者,沸血从面门出,而即命终。(0450b19)

(3)我父**若当**入海采宝,我今何故不复入海?(0450c27)

若其:出现6次。例如:

(1)**若其**不如为他所害,丧失己身,殃延众庶,增他重罪。(0459c05)

(2)瞿昙沙门,在此国界,**若其**来者,闭门莫开。(0485a09)

(3)然后我等可得欢乐,**若其**不尔,终为所败。(0498c14)

设复:出现1次。例如:

(1)**设复**有人得十万车金,亦不如以一钵之食施持戒者。(0470a29)

122

10.2.4　让步连词

虽：出现 40 次。例如：

（1）外**虽**是铁，内为极好。（0451b08）

（2）时女父国王，**虽**闻其言，犹怀不信。（0480b02）

（3）若不可求，**虽**欲强得，都不可获。（0493c06）

（4）如庵婆罗树，若于冬时，**虽**复奉事百千天神欲求于果，果不可得。
（0491c20）

纵令：出现 1 次。例如：

（1）**纵令**赍粮，由恐不达。（0492c24）

纵使：出现 1 次。例如：

（1）**纵使**失诸比丘衣物，我饶财宝。（0485c12）

10.2.5　目的连词

以：出现 12 次。例如：

（1）常取好果鲜花美水，**以**养父母，安置闲静无怖畏处。（0448b07）

（2）愿父今者莫杀我母，宁杀我身，**以**代母命。（0448a08）

（3）时鹦鹉子，以彼田主先有施心，即常于田，采取稻谷，**以**供父母。
（0449a09）

用自：出现 3 次。例如：

（1）王信空语，**用自**苦恼。（0495b11）

（2）我曾粪中，拾得两钱，恒常宝惜，以俟乞索不如意时，当贸饮食**用
自**存活。（0447b24）

（3）恐涉道路，逢于贼难，故将兵众，**用自**防卫，更无余意。（0467b26）

第十一章

《杂宝藏经》助词研究

第一节　语气助词

11.1.1　句首语气助词

有"夫""且""惟""唯"4个。如下：

夫：仅出现2次。例如：

（1）**夫**斗战法，以残他为胜。（0459c05）

（2）**夫**得道者，为在家得，为出家得乎？（0492c24）

且：出现4次。例如：

（1）得少钱财，**且**支旦夕。（0450c08）

（2）**且**待明日，小住止息。（0459b08）

（3）即答之言："**且**可小待须臾之顷。"（0470a29）

（4）夫言："**且**待明日。"（0485a09）

惟：表示"希冀、愿望"义，出现2次。例如：

（1）**惟**愿尊者，使母子相见，食此不净。（0483b13）

（2）**惟**念如是，宜应慈心普育一切。（0488c26）

唯:同"惟",出现 24 次。例如:

(1)犹勤启请:"**唯**愿教我。"(0465c01)

(2)南无佛陀,**唯**愿拥护。(0486b01)

(3)**唯**愿世尊! 为我说彼生梵天法。(0477a16)

11.1.2 句末语气助词

有"不""耳""尔""而已""乎""来""为""也""耶""已""哉""者"12 个。如下:

不(否):用作疑问句末,表示疑问语气,出现 28 次。例如:

(1)世颇有人饥穷瘦苦剧于我**不**?(0449c03)

(2)我今有麨,意欲相施,颇能食**不**?(0466c26)

(3)汝今割肉,与汝父母,生悔心**不**?(0448a24)

耳:用在陈述句末,表示陈述和疑问语气,出现 3 次。例如:

(1)恋慕我故,作是语**耳**。(0451a14)

(2)以父母盲老,顺王来**耳**。(0456a10)

(3)必有异人,毁谤于我,使彼尔**耳**。(0460c19)

尔:有两种用法:一是用在陈述句末,表示肯定或限止语气;二是用在疑问句末,表示疑问语气,出现 2 次。例如:

(1)君臣率**尔**,无知答者。(0449c12)

(2)夫怪而问之所以卒**尔**?(0457c26)

而已:表示陈述语气,出现 3 次。例如:

(1)道人答言:"唯得**而已**。"(0466c26)

(2)我无所修,唯于昨日,入僧房中,见壁有孔,补治**而已**。(0469a15)

(3)钱财用度,应当人客,皆由汝兄,汝今唯得衣食**而已**,非奴如何?(0470b21)

乎:表示疑问语气,出现 4 次。例如:

(1)汝二国王,岂不快**乎**?(0456b04)

（2）彼沙门者，不亦快**乎**？（0466c26）

（3）岂以服饰出迎接**乎**？（0484a12）

来：有两种用法：一是调谐音节，无实义；二是用在陈述句末，表示请求、劝勉语气，出现 10 次。例如：

（1）既能行**来**，脚蹈地处，皆莲华出。（0451c14）

（2）佛言："善**来**比丘。"（0464b04）

（3）会值王大夫人亡**来**七日，王遣使者，按行国界，谁有福德？（0467c17）

为：用在句子末尾，表示疑问或反问语气，出现 3 次。例如：

（1）不疲极也，载是水草，竟何用**为**？（0465c19）

（2）不用我语，用是活**为**？（0481b02）

（3）尊者有如此威德，自然火**为**？（0483c19）

耶：用在句末，表示疑问或反问语气，同"邪"，出现 24 次。例如：

（1）今此光瑞，为是谁**耶**？（0495b01）

（2）尊者此夏，何处安居？今方来**耶**？（0490a17）

（3）今此光瑞，为是谁**耶**？愿见告示。（0495b01）

也：用在句末，可以表示停顿语气，表示判断语气，表示疑问或反问语气，出现 124 次。例如：

（1）尔时父者，我身是**也**；尔时天神，阿难是**也**。（0450a19）

（2）"汝今非睒摩迦**也**？"答言："我即是**也**。"（0448b14）

（3）尔时人王，我父王净饭王是**也**。（0489b08）

已：用在陈述句末，表示论断、终结语气，出现 42 次。例如：

（1）作是语**已**，火实时灭。（0455a08）

（2）夫人闻**已**，瞋毒炽盛。（0485a26）

（3）既至国**已**，弟还让位而与于兄。（0447c09）

哉：表示感叹语气，出现 9 次。例如：

（1）善**哉**！般阇识企。（0476b18）

（2）怪**哉**！极为丑辱。（0496b29）

（3）善**哉**贤帝释！分别问所疑。（0477a17）

第二节　结构助词

所：与动词或者"动词＋介词"组合，出现 108 例。例如：

（1）今舍利弗，**所**以得者，正由咒愿适长者意，故获是施。（0479c16）

（2）不善**所**作，不孝**所**作，无惭**所**作，恶害**所**作，背恩**所**作。（0453c25）

（3）斗量折损，为主**所**瞋，信己不取，皆由羊唉。（0499a14）

者：与形容词或动词组合，构成名词性结构，用来指人或事物等，出现 212 例。例如：

（1）过去久远，有国名弃老，彼国土中，有老人**者**，皆远驱弃。（0449b03）

（2）尔时臣**者**，舍利弗是。尔时王**者**，阿阇世是。（0450a19）

（3）佛言："一**者**供养父母，二**者**供养贤圣。"（0452b22）

之：用在定语与修饰语之间，组成偏正结构，可译为"的""得"等，出现 198 例。例如：

（1）世尊！过去**之**世，供养父母，其事云何？（0447c25）

（2）破持戒**之**皮，禅定**之**肉，智慧**之**骨，微妙善心**之**髓。（0481c17）

（3）昔迦尸国王土界**之**中，有一大山，中有仙人名睒摩迦。（0448b07）

第三节　列举助词

等：附在名词或人称代词后面，表示多数，出现 89 例。例如：

（1）诸婇女**等**，以王眠故，即共游戏。（0459a22）

（2）我**等**今当劝其夫酒，令无觉知，解取钥匙，开门往看。（0457c26）

（3）过去劫时，舍利弗、目连**等**，曾为凡夫。（0461b04）

第四节　动态助词

"了"做动态助词时,表示完成态,出现6例。例如:

(1)今从佛闻便解此义,得了此法。(0477c12)

(2)解了一切诸佛之法,过诸声闻缘觉之上。(0496b13)

(3)舍身受身,得言语辩了,所可言说,为人信受。(0479a14)

第十二章

《杂宝藏经》三音节词语研究

统计表明,《杂宝藏经》三音节词语共出现 849 个。其中,名词性词语 437 个,占比 51.47%;动词性词语 145 个,占比 17.07%。以下按照结构类型和语法关系分别说明。

第一节　结构类型

12.1.1　单纯词

均为音译或者意译词,出现 42 个,占总量 4.94%。

忉利天:义为"世尊佛陀宣扬佛典义理的讲堂",出现 10 次。例如:

(1)我今欲往**忉利天**上,夏坐安居,为母说法。(0450a23)

(2)闻有人说**忉利天**上,极为快乐。(0469b08)

(3)时具毗耶宝女,生**忉利天**,先是佛弟子,为帝释作子,名渠或天子。(0476c14)

阎浮提:义为"人间世界",出现 14 次。例如:

(1)**阎浮提**内,一切人民,炽盛丰满,十倍于常。(0447c15)

(2)汝昔于**阎浮提**,日以二钱,供养于母。(0451b18)

（3）尔时有王,名曰迦步,统领**阎浮提**内八万四千国土。(0479b12)

辟支佛:义为"悟得小乘佛果的出家修行者",出现 26 次。例如:

（1）乃往过去,有辟支佛,日日乞食,到一长者门前,时长者女,持食施辟支佛,见**辟支佛**身体粗恶,而作是言:"此人丑恶,形如鱼皮,发如马尾。"(0458a13)

（2）汝于前身,但曾作一寺,受一日八戒,施**辟支佛**一钵之食,故生六天,为大魔王。(0481b17)

（3）乃往过去,有一长者,日日遣人,请五百**辟支佛**,就家设食。(0496b02)

12.1.2 复合词语

12.1.2.1 合成词,出现 101 个,占总量 11.89%。

鹦鹉子:出现 4 次。例如:

（1）**鹦鹉子**供养盲父母缘。(0449a09)

（2）时**鹦鹉子**,以彼田主先有施心,即常于田,采取稻谷,以供父母。(0449a09)

（3）**鹦鹉子**言:"田主先有好心,施物无恡,由是之故,故我敢来,采取稻谷。"(0449a14)

蚁子:出现 1 次。如下:

（1）于其道中见众**蚁子**。(0468c26)

颇梨城:"颇梨"是音译词,义为"玻璃、水晶";"城"是单音节词。两者组合,出现 2 次。例如:

（1）见**颇梨城**,有八玉女,擎八如意珠,亦作伎乐,而来迎之,八万岁中,极大欢乐。(0451a14)

（2）四钱供养母故,得**颇梨城**,八如意珠,八玉女等,八万岁中,受诸快乐。(0451b18)

比丘尼:"比丘"是出家人的称谓,"尼"是佛教中出家修行的女子。两者组合,出现 9 次。例如:

（1）佛告阿难："付波阇波提**比丘尼**，使度出家。"不久即得阿罗汉道，比丘尼中，善解契经，最为第一。（0450b27）

（2）此贤**比丘尼**，何以故从出家以来不见佛？（0454a04）

（3）便于比丘、**比丘尼**、优婆塞、优婆夷大众之中，向佛忏悔。（0465a29）

12.1.2.2　临时组合，单音词＋双音词格式，出现 259 个，占总量 30.50%。例如：

（1）日月转久，毛羽平复，乌诈欢喜，微作方计，衔**干树枝**并**诸草木**，着枭穴中，似如报恩。（0498c14）

（2）当学增盛戒心，当学增盛定心，当学增盛**智慧心**。（0477b23）

（3）王大欢喜，踊跃无量，便出教令，普告国内："当修慈仁孝**事父母**。"（0448c19）

例（1）的"干树枝""诸草木"、例（2）的"智慧心"、例（3）的"事父母"，其中的"干""诸""心""事"与合成词"树枝""草木""智慧""父母"组合，形成复合词语。

12.1.2.3　临时组合，单音词＋单音词＋单音词格式，只有 13 个，占总量 1.53%。例如：

（1）第四夫人，生一子，字**灭怨恶**。（0447a17）

（2）我子**慈孝顺**，天上人中无，王虽见怜愍，何得如我子？（0448c07）

（3）于其日暮，一处共宿，至**明清旦**，复共前行。（0497c13）

例（1）的"灭""怨""恶"三个单音节词临时组合在一起，概括出四子的性格特点；例（2）的"慈""孝""顺"三个单音节词组合在一起，表达了对父母的慈敬和孝顺；例（3）的"明""清""旦"均为"早晨"之意。

12.1.2.4　临时组合，双音词＋单音词格式，出现 422 个，占总量 49.70%。例如：

（1）此事易别。以**细软物**，停蛇著上，其躁扰者，当知是雄；住不动者，当知是雌。（0449b12）

（2）见彼女人，颜色润泽，有**福德相**，树为曲荫，光影不移。（0467c17）

（3）尔今为我，作**欢喜团**，我等四人，各持一团，供养瞿昙，愿求生天，不听其法，不用解脱。（0469c18）

例（1）的"细软"，代指贵重物品；"物"为类属。例（2）的"福德"，形容相貌吉祥；"相"是面相。例（3）的"欢喜团"，是饼名，又叫喜团，以米面为原料，添加核桃、芝麻、葡萄等辅料糅合而成，是佛家专用膳食之一。

12.1.2.5 临时组合，AA＋B 或者 A＋BB 格式，出现 12 例，占总量 1.41%。

种种计："种种"修饰"计"，强调数量之多。出现 1 次。例如：

（1）时彼少妇，设**种种计**，用惑其夫。（0497b29）

种种馔：出现 1 次。例如：

（2）既到山已，见向长者，设**种种馔**，供养众僧。（0467b26）

种种色：出现 1 次。例如：

（3）差摩释子以患眼故，有**种种色**，不得见之。（0478c01）

甚炜炜："炜炜"形容色彩灿烂，"甚"表示灿烂的程度。出现 3 次。例如：

（1）汝昔作何行，身色如真金，光颜**甚炜炜**，犹若优钵罗，得是胜威德，而生于天中？（0472c20）

（2）汝昔作何业，身如真金山，光颜**甚炜炜**，色如净莲花？（0472b01）

（3）身出微妙光，面如开敷花，光明**甚炜炜**，以何业行得？（0472a04）

第二节　语法关系

12.2.1　联合结构

数量最少，均为单纯词，出现 13 个，占总量 1.53%。例如：

（1）天神又以一真檀木**方直正**等，又复问言："何者是头？"（0449c27）

（2）譬如东方大山，上无边际，一时来至，**南西北**方，亦复如是。
（0488c26）

（3）一值醉人酒吐在地，得**安乐饱**。（0484a02）

例（1）"方直正"中"方""直""正"，三个单音节词并列，形容檀木的外形；例（2）"南西北"中"南""西""北"，三个单音节词并列，代指方位；例（3）"安乐饱"中"安""乐""饱"，三个单音节词并列，表示非常舒服的状态。

12.2.2 偏正结构

出现 334 个，占总量 39.34%。例如：

（1）至**白银城**，有十六玉女，擎十六如意珠，如前来迎，十六万岁，受大快乐，亦复舍去。（0451a14）

（2）若佛如来，于一切众生，有**平等心**，于罗睺罗、提婆达多等无有异者，脚血应止。（0481a24）

（3）不但今日，乃往过去时，有**莲花池**，多有水鸟在中而住。（0464a20）

（4）先迦尸国人，恶贱父母，无**恭敬心**，因此象故，王即宣令一切国内。（0456a10）

（5）当于尔时，为徒众主，骂**诸贤圣**胜尼为婢，以此因缘，今属于他。
（0450c02）

12.2.3 述宾结构

出现 137 个，占总量 16.13%。例如：

（1）若恐不活不见出者，我今与君俱共自卖，而**修功德**。（0468b13）

（2）不孝之罪，现报如是，后**入地狱**，受苦无量。（0493b22）

（3）孔穴之中，纯是冷石，用此草木，以**御风寒**。（0498c14）

例（1）的"修功德"、例（2）的"入地狱"、例（3）的"御风寒"，其中"修""入""御"表示行为动作，"功德""地狱""风寒"表示动作支配的对象。

12.2.4　主谓结构

出现 35 个,占总量 4.12%。例如:

(1)时彼国法,诸为王者,不**自弹琴**。(0495a02)

(2)譬如**羝羊斗**,将前而更却,汝为欲持戒,其事亦如是。(0485c12)

(3)我念往昔五百世中,生于狗中,常困饥渴,唯于二时,得**自饱满**。(0484a02)

例(1)中的"自弹琴"、例(2)中的"羝羊斗"、例(3)中的"自饱满",句法格式均为主语＋谓语。其中,"自""羝羊"是陈述对象,"弹琴""斗""饱满"是陈述内容。

12.2.5　数量结构

出现 86 个,占总量 10.12%。例如:

(1)尔时城中,有**四玉女**擎如意宝珠,作倡伎乐,而共来迎**四万岁**中,受大快乐。(0451a14)

(2)过去世时,有诸商贾人,入海采宝,还来中路,于大旷野,值**一蟒蛇**,其身举高六拘楼舍,绕诸商贾,四边周匝,无出入处。(0478b14)

(3)我念往昔**五百世**中,生于狗中,常困饥渴,唯于二时,得自饱满。(0484a02)

例(1)中的"四玉女""四万岁"、例(2)中"一蟒蛇"、例(3)中"五百世",结构形式均为"数词＋计数对象"。

还有一种"数词＋量词＋计数对象"的词语。例如:

(1)持**七日粮**,计应达到。(0448a08)

(2)若有能得象牙来者,当与**百两金**。(0454a06)

(3)即于水边,为其敷衣,令道人坐,和**一升麨**,用为一团,而以与之。(0466c26)

例(1)中的"七日粮",即七天吃的粮食;例(2)中"百两金",即数百两黄金;例(3)中"一升麨",即一升炒熟的面粉。

12.2.6 方位结构

基本上都是日常口语,用来表示事物所处方位,通俗易懂。

最上头:出现 1 次。例如:

(1)最下贾客,解一珠与,直万两金;**最上头**者,解一珠与,直十万两金。(0469c03)

大树后:出现 1 次。例如:

(2)佛知其意,亦异道来,遥见佛来,**大树后**藏。(0485c12)

大象上:出现 1 次。例如:

(3)王今以莲华夫人,乘**大象上**,着军阵前,彼自然当服。(0452a21)

云盖下:出现 3 次。例如:

(1)此**云盖下**,必有神物。(0453a02)

(2)遥见水上有黄云盖,相师占已:"黄**云盖下**,必有神人。"(0458c08)

(3)相师占言此黄**云盖下**,必有贤人。(0467c17)

虚空中:出现 8 次。例如:

(1)仙人飞来,于**虚空中**,语诸力士:"慎勿举手,莫生恶心,若生恶心,皆堕地狱。"(0452b06)

(2)即于诸天前,飞腾**虚空中**。(0476c14)

(3)树神举树,在**虚空中**,露地而立。(0485c12)

山林中:出现 1 次。例如:

(1)有一仙人,名曰定光,共五百仙人,在于**山林中**草窟里住。(0461b13)

其他三音节词语:阎浮提(17);大夫人(10);大勇武(1);婆罗陀(8);灭怨恶(1)无吝惜(1)无所求(2);立太子(1);小夫人(1);立为王(1);十奢王(4);将军众(3)将兵来(1);将兵众(1);自防卫(1);无余意(1);受父命(1);御坐上(1)造大恶(1);舍卫国(32);一小儿(2);奉父母(2);过去世(16);大国王(1)罗睺求(2);诸五兄(1);不见语(1);七日粮(1);希有事(1);大悲喜(1)无量劫(4);诸比丘(87);不祥事(1);睒摩迦(12);供父母(1);取水去(1)梵摩达(10);草屋中(1);盲父母(16);无所

见(1);好华果(1);慈孝顺(1)孝顺子(1);大欢喜(18);净饭王(5);盲母者(1);舍利弗(43);诸不善(2)众善行(1);共唉食(1);鹦鹉子(4);;诸虫鸟(1);设罗网(1);大福报(1)老人者(1);养父母(23);深掘地(1);细软物(1);躁扰者(1);不动者(1)不能辩(1);能解者(1);诸凡夫(1);诸罗汉(1);几斤两(1);能知者(1)大池中(1);一掬水(2);不能解(1);百千万(7);答天神(5);不能答(1)知答者(1);方直正(1);诸外敌(1);大踊悦(1);小罪过(1);迦尸国(25)加大罪(1);阿阇世(10);忉利天(11);九十日(2);过去时(5);苦恼事(1)猕猴王(10);诸猕猴(7);老猕猴(1);三恶道(6);大功德(3);索水来(1)老母者(1);迦叶佛(16);诸贤圣(5);诸贾客(4);长者子(37);慈童女(8)十六钱(2);不能去(1);入海去(1);十根发(1);诸同伴(1);四玉女(2)四万岁(3);大快乐(7);诸玉女(3);颇梨城(2);八玉女(2);如意珠(14)大欢乐(1);白银城(2);黄金城(2);琉璃城(1);诸快乐(1);父母所(8)大苦报(1);提婆延(1);小便处(1);诸婇女(8);大力士(9);仙人者(7)诸方便(1);仙人所(5);大象上(1);军阵前(2);大白象(2);大惊愕(1)虚空中(11);辟支佛(29);大苦恼(8);贤圣所(1);波罗奈(5);黄云盖(4)云盖下(3);诸献物(1);五百子(5);白净王(4);十八变(8)王夫人(8)梵豫王(3);大福德(1);比丘尼(9);诸群众(1);白象牙(1);毗提醯(7)百两金(1);无所须(1);大树所(1);修功德(4);阿罗汉(29);白象者(1)猎师者(1);善贤者(1);山林间(1);六神通(2);五神通(9);解脱道(1)善猕猴(3);恶猕猴(6);恶名称(1);恶知识(4);善知识(4);南方山(1)须陀洹(57);大利益(5);大竹林(1);诸鸟兽(2);欢喜首(1);大震动(1)鹦鹉所(1);降大雨(1);大聚落(1);诸人民(1);梵天王(3);在家中(9)阿阇梨(2);好屋舍(1);好饮食(1);上事者(1);后七日(10);有解者(1)大欢喜(18);无所求(2);看病者(1);大香象(1);香象力(1);白香象(3)诸伎女(1);守象人(1);不肯食(2);恭敬心(2);与大罪(1);益忧苦(1)守门户(1);辅相所(1);园苑中(1);拘迦离(1);升虚空(3);五百人(3)十八丑(1);孤独者(1);不来

者(1);大惭愧(1);设燕会(1);无觉知(1)自业力(3);毗婆尸(1);七宝塔(1);大富贵(1);慈悲心(2);河岸边(1)慈善力(1);王子国(1);三斗米(1);阿那律(7);须菩提(2);娑罗那(9)阿那含(7);斯陀含(4);不净观(1);无所得(4);迦旃延(3);大怖畏(2)相残杀(1);不能报(3);无量身(3);信敬心(1);无所依(3);出户外(1)众善法(1);阿练行(2);三藏经(1);造塔寺(1);千万钱(1);阿练若(9)不共语(2);大恶人(2);比丘者(2);自供给(1);自思惟(8);升空中(1)无量劫(4);孙他利(1);一切事(1);瓦师所(1);后深处(1);牧牛女(5)仇伽离(1);恶疱疮(1);入冷池(1);过去劫(1);无量苦(1);菩萨人(1)山林中(1);草窟里(1);避雨处(1);诸仙人(2);定光仙(2);不净行(1)大神变(1);清净人(1);大方便(1);仙人者(7);慈愍心(1);屯度脾(4)大忿怒(1);奶酪祀(1);不杀生(2);三佛陀(3);相讥毁(1);自毁害(1)六和敬(1);不恼害(1);优婆达(1);持净戒(3);大威德(9);住止处(1)羸劣者(1);无所依(3);自羸弱(1);非法人(1);不自在(1);非智者(1)诸贤哲(1);不恐怖(1);不威猛(1);不怯弱(1);智者相(1);饥渴苦(1)苦乐事(2);花雨象(1);自欺诳(1);诸珍宝(2);远避去(1);满世间(1)轻飞去(1);诸众生(1);大苦毒(1);恭恪心(1);一切苦(1);能遮雨(1)善丈夫(1);诸恶事(1);不造恶(1);总摄说(1);不安事(1);大龙王(1)十五日(2);十四日(1);南天竺(7);出军众(1);不能动(3);诸龙众(1)雪山中(1);好美果(1);莲花池(1);大怖畏(2);不识恩(5);回渊处(1)水罗刹(1);众商人(1);大惊怖(2);一大龟(1);诸商人(7);大群象(1)得道者(2);合毒药(2);诸大众(1);山鸡王(3);将鸡众(1);安隐者(1)那罗延(2);优婆塞(2);优婆夷(1);谄诳者(1);诸鹿鸟(1);吉利鸟(5)大恶人(2);仙人衣(2);猎师者(1);利养事(1);无所得(4);老仙人(5)阎浮树(1);少仙人(1);嫉妒心(2);壮仙人(2);旷野中(4);夜叉鬼(2)好衣服(2);好水草(1);贾客主(1);世尊所(5);十天女(1);师长所(1)获果报(5);诸忧恼(1);天果报(1);有一人(9);一道人(1);一水边(1)于水边(1);一升麨(1);小国

王(6)；得道人(1)；见谛道(4)；脱衣裳(1)大福田(1)；隐身去(1)；于道中(3)；一辅相(1)；王殿前(1)；造众恶(1)种种法(1)；诸眷属(2)；种种馔(1)；不如意(1)；自存活(2)；出山去(1)福德相(1)；大重恩(1)；干陀卫(7)；一日会(1)；断事人(2)；几许物(3)一日食(2)；三年中(1)；诸乘具(1)；一村落(1)；罽夷罗(3)；大施会(1)修功德(4)；一富家(1)；十金钱(1)；造福业(1)；六日头(2)；自卖者(1)七日后(2)；十聚落(1)；修福德(1)；七日头(3)；众蚁子(1)；慈悲心(2)高燥处(1)；明相师(1)；无所作(1)；一破塔(1)；五六岁(1)；短寿命(1)长寿法(1)；城门下(2)；万两金(8)；最上头(1)；大炽盛(1)；苏驮夷(1)白净饭(1)；一钵饭(1)；欢喜团(3)；大爱道(5)；大功德(3)；穿珠师(9)辩才力(1)；十万利(1)；僧坊中(1)；十万斤(1)；持戒者(2)；阿利咤(1)无所得(4)；卖薪人(4)；真金人(1)；空器中(1)；诸天众(10)；善法堂(11)妙光明(1)；金色身(1)；诸秽恶(2)；青莲花(1)；第一尊(1)；功德业(1)一天女(2)；希有心(3)；天帝释(2)；甚炜炜(1)；功德田(4)；法眼净(2)妙莲华(1)；净莲花(1)；胜威德(2)；大妙光(1)；八戒斋(4)；持净戒(3)好华盖(1)；大瞋恚(5)；宫殿中(3)；甚光明(3)；庄严身(2)；然明灯(1)明炽盛(1)；一童女(1)；欢喜心(6)；优钵罗(2)；诽谤心(1)；一宫人(1)恭敬心(2)；好香华(1)；一长者(19)；自观察(2)；大忧愁(1)；比丘僧(3)众功德(1)；诸弟子(6)；作邑会(1)；诸女人(1)；好美浆(1)；一贫女(1)二女子(1)；长者女(6)；于门前(1)；大长者(3)；天宫殿(4)；压甘蔗(1)大甘蔗(1)；妙色身(1)；大果报(3)；四千里(1)；微妙香(1)；大快乐(7)众妙香(1)；百由旬(1)；三垢结(1)；国城中(1)；看视者(1)；长者子(37)到门外(1)；目犍连(1)；长者婢(4)；于我所(14)；好房屋(1)；一讲堂(1)开四门(1)；造浮图(1)；一贾客(3)；新造舍(1)；聚落北(2)；自庄严(2)造歌颂(1)；一贤女(1)；于往时(3)；至佛所(28)；毗沙门(2)；不敢乱(1)阿罗诃(1)；三比丘(1)；不忍见(2)；自惭愧(4)；厌恶心(2)；四天王(2)贤帝释(1)；干闼婆(5)；憍尸迦(4)；八正道(4)；正方便(1)；正思惟(1)习摄心(1)；智慧心(1)；学

增盛(1)；一究竟(1)；解脱者(2)；不满足(1)修正道(1)；大论师(1)；天寿命(1)；往昔时(4)；大旷野(2)；一蟒蛇(1)拘楼舍(1)；诸商贾(5)；诸商人(7)；蟒蛇脑(1)；脱大难(1)；一切人(10)我等辈(1)；诸天人(1)；释氏园(1)；种种色(1)；与眼者(1)；与明者(1)除闇者(1)；执炬者(1)；婆伽婆(1)；净天耳(1)；安乐住(2)；净眼咒(1)莫流泪(3)；诸梵众(1)；沙门众(1)；差摩释(10)；七种施(3)；清净眼(1)端正色(1)；真金色(1)；柔软语(1)；四辩才(1)；明了心(1)；痴狂心(1)七宝床(1)；房舍施(2)；禅屋宅(1)；良福田(1)；阿僧祇(1)；生太子(2)转轮王(2)；诸相师(1)；十二年(4)；造金益(1)；起塔庙(1)；大善报(1)诸功德(3)；长者家(3)；生男儿(2)；欢庆事(1)；尊者前(1)；小床座(1)财利乐(1)；摩诃罗(16)；可用时(2)；罗官事(1)；复死丧(1)；胡麻地(1)守麻者(1)；浣衣者(1)；于先日(1)；国王女(3)；二估客(1)；侍从者(1)起尸鬼(2)；诸灾疫(1)；东天竺(1)；能别者(2)；诸群臣(2)；金刚坚(1)仙人山(4)；种种药(1)；香山中(1)；世尊所(5)；平等心(1)；毒龙泉(1)如来所(4)；大魔王(1)；年少辈(1)；修仙道(1)；一深林(1)；贪庄严(1)那弋迦(1)；大灾害(1)；少欲法(1)；知足法(1)；不知足(1)；乐静法(1)精进法(1)；懈怠法(1)；正念法(1)；邪念法(1)；定心法(1)；乱心法(1)智慧法(1)；愚痴法(1)；作贼者(1)；伏王法(1)；修三念(1)；祇洹林(1)空闲地(1)；造房舍(1)；好净水(1)；种种蜜(1)；九十日(2)；种种浆(1)第一者(1)；事三宝(1)；证道果(2)；祇夜多(1)；七百年(1)；罽宾国(5)恶龙王(1)；阿利那(2)；五百人(3)；大光明(1)；龙池所(1)；三弹指(2)突吉罗(1)；北天竺(1)；石室城(1)；出城门(1)；一子胤(1)；出家去(1)饿鬼子(1)；七十年(1)；大困厄(1)；饿鬼母(3)；自薄福(1)；大力鬼(2)南天竺(1)；第三窟(1)；五百世(1)；困饥渴(1)；自饱满(1)；安乐饱(1)受辛苦(1)；月氏国(9)；自躬驾(1)；诸臣从(2)；大德者(1)；无所闻(1)无所得(4)；三智人(1)；摩咤罗(1)；遮罗迦(1)；诸白象(1)；修诸善(2)待明日(2)；提利剑(1)；气嗽嗽(1)；捕者手(1)；诸万民(1)；十善道(1)还入来(1)；剃发者(1)；守

房舍(1)；自欢喜(1)；还家去(1)；闭房门(1)出僧房(1)；大树后(1)；瞎猕猴(3)；宫殿中(3)；羝羊斗(1)；诸镬汤(1)自往问(2)；治罪人(1)；四五日(1)；猕猴王(10)；雌猕猴(3)；猕猴众(2)淫猕猴(1)；淤泥中(1)；毗舍离(3)；一力士(1)；大城池(1)；力士所(1)众人前(5)；裸小便(1)；男子耳(1)；大毒气(1)；诸牛马(1)；一男儿(2)恒河里(1)；渡驶流(2)；渡大海(2)；不休息(2)；沙咤卢(1)；旷野鬼(5)大辅相(1)；离欲法(1)；于妇所(1)；饮食中(1)；辅相妇(1)；比图酏(11)诸群臣(2)；夜叉鬼(2)；诸眷属(2)；夜叉众(1)；龙妇者(1)；集薪草(1)大火聚(1)；尼干子(1)；比舍佉(4)；诸宝船(1)；好天冠(1)；诸群雁(1)举右手(1)；王殿上(1)；四方山(1)；无边际(1)；南西北(1)；金钷瑕(1)好白绢(1)；悲愍心(1)；剃发人(2)；小余残(1)；外生女(1)；甚悦敬(1)细铁网(1)；二赤鱼(1)；大白山(1)；珠璎珞(1)；金宝车(1)；不得前(3)大恶事(1)；毗婆尸(6)；三宝所(1)；东北角(1)；西南角(1)；大高座(1)守门者(2)；盛满水(1)；买瓦者(2)；恒河中(1)；毗摩天(5)；最小子(1)嫔伽罗(1)；自啖食(1)；天祀主(1)；天祀物(1)；于树下(1)；天祠舍(1)自观察(1)；一老母(1)；修仁孝(1)；难陀王(6)；老比丘(23)歌罗罗(1)；上下道(1)；大海水(1)；于明日(1)；入地狱(1)；一切法(1)可求处(1)；甚惊怕(1)；不敢应(1)；大胆力(1)；剃发师(3)；八道人(2)金八盎(1)；门孔中(1)；无差别(1)；少比丘(19)；解钦婆(1)；无色界(1)戏弄罪(1)；自出现(1)；报大恩(1)；自克责(1)；卢留城(2)；大智慧(1)甚爱敬(1)；自弹琴(1)；自起舞(1)；四玉女(2)；石蜜浆(1)；诸佞臣(1)师子座(1)；自苦恼(1)；迦栴延(3)；一大臣(1)；大懊恼(1)；自设计(1)花氏城(1)；好音声(1)；罗睺罗(11)；诸阴盖(1)；护恶名(1)；楼阁上(1)莲花鬘(1)；金山王(1)；大丈夫(2)；白净衣(1)；火坑边(1)；大惊怖(2)自呵责(1)；菩萨子(1)；偏爱心(1)；种种计(1)；共交通(1)；明清旦(1)主人舍(1)；大小便(1)；自感伤(1)；诸鸟辈(1)；出家人(1)；自修心(1)大火坑(1)；积薪柴(1)；罗刹鬼(1)；自悲鸣(1)；众乌雏(1)；御风寒(1)报恩养(1)牧牛火(1)；主人家(1)。

第十三章

《杂宝藏经》成语研究

第一节　形象容貌

端政殊特：义为"容貌端正独特"，出现 2 次。例如：

（1）世间有人，**端政殊特**，过于汝身。（0449c23）

（2）现今此五百天子，著好天冠，是乃**端政殊特**者。（0488c01）

端正殊妙：义同"端政殊特"，出现 5 次。例如：

（1）生一女子，华裹其身从母胎出，**端正殊妙**。（0451c14）

（2）王见是女**端正殊妙**，语仙人言。（0451c25）

（3）生一小女，**端正殊妙**。唯脚似鹿，养育长成。（0452b26）

威仪庠序：义为"神情威严，使人肃然起敬"，出现 2 次。例如：

（1）此鸟善行，威仪庠序，不恼水性。（0464a20）

（2）彼沙门者，形貌端政，威仪庠序，甚可恭敬。（0466c26）

甚奇甚特：义为"非常奇特"，出现 4 次。例如：

（1）诸比丘疑怪，而白佛言："世尊出世，**甚奇甚特**！"（0454b16）

（2）诸比丘白佛言："如来世尊！**甚奇甚特**！"（0456a06）

和颜悦色：义为"态度平和；和蔼可亲"，出现 1 次。例如：

（1）佛说有七种施,不损财物,获大果报……二**和颜悦色**施,于父母师长沙门婆罗门,不颦蹙恶色,舍身受身,得端正色。未来成佛,得真金色,是名第二果报。（0479a14）

第二节 时间数量

无量无边：义为"数量、种类很多,无法计算",出现 2 次。例如：

（1）如是之众苦**无量无边**,不可计数。（0449c15）

（2）**无量无边**,阿僧祇劫,尔时有一王,名曰迦步统领阎浮提内八万四千国土。（0479b12）

不可计数：义同"无量无边",出现 2 次。例如：

（1）如是众苦,无量无边,**不可计数**。（0449c15）

（2）缘觉之人,**不可计数**,一切大地,无有针许非我身骨。（0481b17）

不可称计：义为"无法测定重量,无法计算数量",出现 3 次。例如：

（1）百千无量,**不可称计**。（0451b28）

（2）奴婢仆使,**不可称计**。（0458a23）

（3）后入地狱,苦难**不可称计**。（0492c18）

叹未曾有：义为"从未有过",出现 5 次。例如：

（1）见彼国王,心大悲喜,愍其至孝,**叹未曾有**。（0448a29）

（2）王见此已,**叹未曾有**。（0458b12）

（3）诸比丘等,**叹未曾有**！（0487c18）

须臾之间：义为"极短的时间",出现 2 次。例如：

（1）时卖薪人,即便截却金人之头,头寻还生,却其手脚,手脚还生,**须臾之间**,金头金手满其屋里。（0470b21）

（2）汝之姿态,所有伎能,好悉具备,使迦尸王惑着于汝,**须臾之间**不能远离。（0486b14）

倍胜于常：义为"大大超过平常"，出现 2 次。例如：

（1）向大母拜，恭敬孝顺，**倍胜于常**。（0447b15）

（2）王于后日，遣人伺看，见迦栴延，颜色和悦，**倍胜于常**。（0489c29）

第三节　动作秉性

默然而止：义为"沉默不说话"，出现 1 次。例如：

（1）作此语已，**默然而止**。（0453c25）

辞穷理屈：义为"因为理亏而无话可说"，出现 1 次。例如：

（1）作是语已，即便捡究，**辞穷理屈**，依实伏首。（0498a22）

余殃不尽：义为"灾祸还没结束"，出现 3 次。例如：

（1）由是因缘，堕三恶道，受苦无量，乃至今日，**余殃不尽**，犹被诽谤。（0457a18）

（2）以是因缘，堕落三涂，苦毒无量，**余殃不尽**，至得罗汉，犹被诽谤。（0457b19）

恶名流布：义为"坏名声传播很远"，出现 3 次。例如：

（1）佛在王舍城，提婆达多，推山压佛，放护财象，欲蹋于佛，**恶名流布**。（0464a16）

（2）受我忏悔，得作方便，不受我悔，足使如来**恶名流布**。（0465a29）

（3）由是之故，国中宝物，遂至大贵，诸人称传，**恶名流布**。（0485a26）

自恣而行：义为"不加约束，为所欲为"，出现 1 次。例如：

（1）是我家人，**自恣而行**，未曾通白，今何故尔？（0459c25）

五体投地：义为"对人敬佩到了极点"，出现 3 次。例如：

（1）王见是事，叹未曾有，**五体投地**。（0457b02）

（2）时五百仙人，即**五体投地**，曲躬忏悔。（0457b02）

（3）见佛在虚空中，便自惭愧，**五体投地**。（0485a09）

悭贪嫉妒：义为"贪婪嫉妒"，出现 2 次。例如：

（1）世间有一人，**悭贪嫉妒**，不信三宝。（0449c06）

（2）五百生中，恒是我母，**悭贪嫉妒**。（0450c02）

慈心怜愍：义为"充满爱心"，出现 1 次。例如：

（1）世尊长夜，**慈心怜愍**，柔软共语。（0463c16）

踊跃欢喜：义为"心情愉快"，出现 4 次。例如：

（1）设会已讫，**踊跃欢喜**，即便归家。（0468a16）

（2）今日良时得好报，财利乐事一切集，**踊跃欢喜**心悦乐，信心踊发念十力，如似今日后常然。（0479c04）

（3）昔在人中，闻我为其子等说法得道，**踊跃欢喜**，命终生天，重于我所，闻法信解，而证道果。（0483a04）

邪见不信：义为"不足为信"，出现 2 次。例如：

（1）徒伴之中有一婆罗门女，**邪见不信**，不曾受斋持戒。（0473c28）

（2）汝婆罗门！**邪见不信**。（0485a09）

信以为然：义为"认为正确"，出现 2 次。例如：

（1）王闻其语，**信以为然**，益增忧恼。（0490a26）

（2）老婆罗门**信以为然**，倍增爱重。（0497c13）

豁然大悟：义为"突然领悟"，出现 3 次。例如：

（1）悉达菩萨，六年苦行，于菩提树下，降伏四魔，除诸阴盖，**豁然大悟**，成无上道，具足十力，四无所畏，成就十八不共之法。（0496b13）

第四节　其他类型

五谷丰熟：义同"五谷丰登"，出现 2 次。例如：

（1）以此忠孝因缘故，风雨以时，**五谷丰熟**，人无疾疫，阎浮提内，一

切人民,炽盛丰满,十倍于常。(0447c15)

（2）以造塔庙作福因缘,天即大雨,**五谷丰熟**,人民安乐。(0479b12)

平复如故:义为"事情恢复到本来面貌",出现3次。例如:

（1）即如其言,毒箭自出,**平复如故**。(0448c19)

（2）既得好药,以治王眼。**平复如故**。(0464c19)

亦复如是:义为"同样如此",出现8次。例如:

（1）昔与我共有一身时,犹生恶心。现今为我弟,**亦复如是**。(0464a07)

（2）非但今日,乃往过去**亦复如是**。(0486b12)

如是次第:义为"如此这般",出现3次。例如:

（1）**如是次第**,至舍卫国,到波斯匿王所。(0480c23)

（2）**如是次第**,到一长者拔须陀罗。(0487a18)

（3）当以杖打上座头,语言入角,**如是次第**,尽驱入角。(0493c06)

如是我闻:义为"我就是如此听说的",开首之语,出现4次。例如:

（1）**如是我闻**……(0447c19)

（2）**如是我闻**……(0455b10)

（3）**如是我闻**……(0478c01)

第十四章

《杂宝藏经》新词新语

语言随着社会的发展而发展,与人们的生产生活关系密切。词汇作为语言系统最敏感的要素之一,经常变动是它的一般特征。因为语言从一种状态发展到另一种状态,不能发生爆发,必须经过新质要素的逐渐积累,以及旧质要素的逐渐衰亡才能实现。魏晋南北朝时期,由于社会生活日新月异,新事物、新观念不断涌现,作为交际工具的中古汉语,为了记录日益丰富的新生事物、准确表达各种思想情感,新词语大量出现。同时,由于语言的求简原则,中古汉语还采取了另一种表情达意的手段,即在原有词义基础上,大量的"旧词新义"现象开始涌现。一般来说,某个新词或者某个新义位的产生,总是先出现在口语中,然后再被记录下来,进入书面文献。作为南北朝时期较强口语性的汉译佛经,《杂宝藏经》不可避免地会记录许多新词新语。也就是说,佛教概念进入汉语,一般会采取构造新词的方法记录它们,有时候也会借用汉语原有词语,赋予它新的义位。

我们所谓新词新语,即包括两种类型:一是"利用语言里已有的构词材料按照既定的构词规则产生出来的"①。二是"就它们的外部形式来看可以说是固有的,但是它们已经获得了新的意义内容,而新义和旧义没有明显的联系"②。严格来说,确定一个词语是否新词新语,应该筛查核对

---

① 张永言:《词汇学简论》,武汉:华中工学院出版社,1982 年,第 82 页。
② 同上。

那个时代所有典籍以及以前的全部文献,但是汉语典籍浩如烟海,很难穷尽遍查。因此,我们只能根据目前能够见到的书面文献展开调查。随着研究不断深入,文献调查范围不断扩大,一些新词新语的出现年代会被不断修正。

下文所录各词,均为《大词典》失收之词,或者义项归纳有所缺漏之词。

第一节 单音新词

单音新词多数属于旧词新义,即旧有词形通过改变词性或者改变读音的方式记录一个新的意义。单音新词包括名词、动词、形容词、副词、量词、连词6类共25个。

14.1.1 名词

犍:本义为"阉割过的牛",后泛指阉割过的牲畜,名词。《玉篇·牛部》:"犍,犗也。"《广韵·元韵》居言切:"犍,犗牛名。"出现4次。例如:

(1)昔干陀卫国,有一屠儿,将五百头小牛,尽欲刑**犍**。(0459c25)

(2)经地已竟,起立精舍,为佛作窟,以妙栴檀,用为香泥,别房住止,千二百处,凡百二十处,别打**犍**椎。(0421a21)

(3)内官赎所**犍**牛得男根缘。(0453c22)

过:《说文·辵部》:"过,度也。"本义为"经过",引申为"超过;胜过",动词,出现2次;再引申为"过错",名词,出现3次。

作"超过,胜过"义讲,动词。例如:

(1)海水极多,不**过**一劫。(0449b27)

(2)此林广大,数千万里,汝之翅羽所取之水,不**过**数滴,何以能灭如此大火?(0455a16)

作"过错"义讲,名词。例如:

(1)设汝今有万死之罪,犹尚不问,况小罪**过**。(0450a07)

(2)非袈裟**过**,乃是心中烦恼**过**也。(0454a18)

劫:《说文·力部》:"劫,人欲去以力胁止曰劫。或曰:以力止去曰劫。"《玉篇·力部》:"劫,强取也。"但是,"劫"在《杂宝藏经》里并非此义,而是"劫波"的省译,义为"远大时节",源于梵语 kalpa,指天地从形成到毁灭的过程,此谓之一劫,后泛指天灾人祸,名词,出现 35 次。例如:

(1)过去九十一**劫**,有佛名毗婆尸。(0458b19)

(2)乃往过去若干**劫**,时于其国内,有长者女,住于楼上,清朝洒扫,除弃扫粪置比丘头,不知忏悔。(0496a16)

(3)以自身为证,忆念往昔九十亿**劫**。(0470b21)

翳:《说文·羽部》:"华盖也。"本义为"用羽毛制成的车盖",引申为"眼球上产生的遮蔽视线的障膜",名词,扬雄《方言》卷十三:"翳,掩也。"郭璞注:"谓掩覆也。"出现 8 次。例如:

(1)若是风**翳**,若是热**翳**,若是冷**翳**,若是等分**翳**,莫烧,莫煮,莫肿,莫痛,莫痒,莫流泪……(0478c15)

(2)若**翳**,若闇,若瞙,若肿,若眼青,若眼中瑕出,若是天作,若是龙作,若夜叉作,若阿修罗作,若究盘茶作……(0478c28)

边:义为"旁;边缘",《说文·辵部》:"边,行垂厓也。"《玉篇·辵部》:"边,畔也。"名词,出现 41 次。例如:

(1)往昔久远,雪山之**边**,有猕猴王,领五百猕猴。(0450b02)

(2)过去久远无量世时,雪山**边**有一仙人,名提婆延。(0451c14)

(3)佛行见之,即往到**边**,而问言曰:"汝于今日,以何为苦?"(0482a28)

14.1.2 动词

和:义为"在粉状物中添加液体后,搅拌或揉弄使粘在一起",动词,出现 38 次。例如:

（1）佛便告言："以水**和**之。"（0430a04）

（2）时南天竺国，有婆罗门来，善知咒术，**和**合毒药。0464c01

（3）佛告阿难："乃往过去迦叶佛时，有一老母，信敬三宝，其家大富，合集众香，以油**和**之，欲往涂塔。"（0401c14）

引申为"和气"，形容词。例如：

（4）时特叉尸利舍卫二国，共相嫌隙，常不**和**顺。（0400b11）

（5）尔时人民寿八万四千岁，身长八丈，端正殊妙，人性仁**和**，具修十善。（0435c11）

引申为"附和"，动词。例如：

（6）当时群雁，亦解佛语，闻法欢喜，鸣声相**和**，还于池水，后毛羽转长，飞至余处，猎师以网，都覆杀之。（0488c01）

（7）尔时太子，素多伎能，歌颂文辞，极善巧妙，即于陌宕，激声歌颂，弹琴以**和**，音甚清雅，城中人民，闻其音者皆乐听观，无有厌足，各持饮食，竞来与之。（0413b05）

藉：《说文·艸部》："藉，祭藉也"，本义为"古代祭祀朝聘时陈列礼品的垫物"，名词；引申为"堆积"，《埤苍》："藉，积也"，动词；再引申为"草堆"，《类篇·艸部》："藉，草积"，后泛指成堆的东西。出现 6 次。例如：

（1）时卖薪人，即便截却金人之头，头寻还生，却其手脚，手脚还生，须臾之间，金头金手满其屋里，积为大**藉**。（0470b21）

（2）涉路前进，未经几里，值他刈麦，积而为**藉**。时彼俗法，绕藉右旋，施设饮食，以求丰壤，若左旋者，以为不吉。（0479c16）

呜：义为"亲吻"，出现 2 次。例如：

（1）既得抱佛，**呜**其手足，在一面立。（0450b19）

（2）提婆达多，于众人前，向佛忏悔，**呜**如来足；无众人时，于比丘中，恶口骂佛。（0464a16）

堰：本义为"挡水；堵水"，《玉篇·土部》："堰，壅水也"，出现 1 次。例如：

（1）沙弥辞师，即便归去，于其道中，见众蚁子，随水漂流，命将欲绝，生慈悲心，自脱裂裟，盛土**堰**水，而取蚁子，置高燥处，遂悉得活。（0468c26）

转：《说文·车部》：“转，运也。”《玉篇·车部》：“转，迴也。”本义为“回还；辗转”，动词；引申为“转变”，出现32次。例如：

（1）昔舍卫国城中，有一女人，贫穷困苦，常于道头，乞索自活。**转转**经久，一切人民，无看视者。（0475a25）

（2）瞋心**转**盛，规欲杀姑，后作方计，教其夫主，自杀其母。（0493b22）

触：《说文·角部》：“触，抵也。”《玉篇·角部》：“触，牴也。”本义为“用角抵触”，动词；引申为“接触”，出现7次。例如：

（1）时遣人看，正值估客，以手**触**之，其体尚暖，谓为新死，即以芥末涂身，在上洗浴，芥末辛气，入估客鼻，虽欲自持，不能禁制，即便大嚏欻然而起。（0480b02）

（2）以此树叶**触**人身者，所有毒气，及与热病，悉皆得除。（0481a12）

仰：《说文·人部》：“仰，举也。”《字汇·人部》：“仰，举首望也。”又：“仰，心慕之辞。”本义为“抬头；脸向上”，引申为“敬慕；期盼”。南北朝时期，主要用于上级命令下级，出现14次。例如：

（1）捉此恶意，付与斯那，**仰**使断之。（0464c13）

（2）时尊者祇夜多，与诸弟子，向北天竺，道中见一乌，**仰**而微笑。（0483b07）

（3）后日更会，**仰**将妇来，有不来者，重谪财物。（0457b26）

担：《说文·人部》：“儋，何也。”段玉裁注：“俗作‘担’。”本义为“肩挑；肩扛”；魏晋时期引申为“背负、负载”，出现11次。例如：

（1）尔时老母，闻佛索水，自**担**盥往，既到佛所，放盥着地，直往抱佛。（0450b19）

（2）王之旧妇，**担**彼刖人，展转乞索，到王子国。（0458c25）

（3）于龙妇边，**担**如意珠，现作贾客，往诣迦尸国。（0487c28）

趣：《说文·走部》："趣，疾也。"引申为"趋向"，汉译佛经中，义为"众生因善恶行为不同，死后趋向不同的地方"，动词，出现11次。例如：

（1）诸人惊怕，靡知所**趣**，各相谓言："我等唯依凭佛，可免火难。"（0455a04）

（2）佛言："帝释！一切众生，亦不一贪一欲一向一**趣**，众生无量，世界无量，意欲趣向，殊别不同，各执所见。"（0477c02）

（3）马鸣菩萨，而白王言："当用我语者，使王来生之世，常与善俱，永离诸难，长辞恶**趣**。"（0484b16）

"趣"在汉译佛经中，还有副词用法，义为"仅仅"。例如：

（4）时卖薪人，见辟支佛空钵出城，即以卖薪所得稗妙，而欲与之，语辟支佛言："尊者能食粗恶食不?"答言："不问好恶，**趣**得支身。"（0470b21）

坌：《玉篇·土部》："蒲顿切，尘也。"名词；也作动词，义为"把尘土等洒落在物体上"，进一步引申为"撒落碎末状的事物"，出现3次。例如：

（1）时王见之，便生恶心，手自把土，用**坌**尊者，语左右言："尔等为我各各以土**坌**迦栴延。"（0495c23）

（2）时女答言："更无异事，由我扫楼，**坌**比丘头，由是之故，值遇好婿。"（0496a16）

税：《说文·禾部》："税，租也。"本义为"田赋"，泛指一切赋税，名词；也作动词，义为"征收赋税"，《广韵·祭韵》："税，敛也。"引申为"夺取；强取"，出现2次。例如：

（1）佛言："昔迦尸国有王，名为恶受，极作非法，苦恼百姓，残贼无道，四远贾客，珍琦胜物，皆**税**夺取，不酬其直。"（0485a26）

（2）王寻遣人，到募人舍，看其金宝，正欲**税**夺，化为毒蛇，变为火聚。（0493c06）

横：本义为"栅栏"，名词，《说文·木部》："横，阑木也。"段玉裁注

曰:"阑,门遮也。凡以木阑之,皆谓之横。"引申为"蛮横;凶恶",动词,出现4次。例如:

(1)汝憎嫉于彼,**横**作此事。(0464c13)

(2)老仙人者,宿旧有德;是壮仙人,**横**生诽谤。(0465c01)

(3)大王若能用臣语者,使王一身之中,终不**横**死,百味随心,调适无患。(0484b16)

听:本义为"笑的样子",是"聽"的俗字。《杂宝藏经》已取代"聽"字,成为"用耳朵听;听信"义的规范字形。《说文·口部》:"听,笑貌。"形容词;《说文·耳部》:"聽,聆也。"动词,出现48次。例如:

(1)象言:"**听**我使往,令彼怨敌,不敢欺侮。"(0456b04)

(2)不**听**弃老,仰令孝养。(0450a15)

(3)吾当为汝取妇,产一子胤,**听**汝出家。(0483b13)

(4)**听**佛说法,得法眼净,还于天上。(0472a24)

住:本义为"停止;存留",《广韵·遇韵》持遇切:"住,止也。"引申义为"居住",《字汇·人部》:"住,居也。"引申义出现32次。例如:

(1)希有世尊!能为其母,九十日中,**住**忉利天。(0450a27)

(2)过去之世,雪山一面,有大竹林,多诸鸟兽,依彼林**住**。(0455a16)

(3)时南天竺,有二比丘,闻祇夜多有大威德,来向罽宾,到其**住**处。(0483c19)

14.1.3 形容词

剧:《说文新附·刀部》:"剧,尤甚也。"本义为"程度深",出现10次。例如:

(1)王子思惟:"三人并命,苦痛特**剧**,宁杀一人,存二人命。"(0448a08)

(2)天神复化作饿人,连骸挂骨,而来问言:"世颇有人饥穷瘦苦**剧**于我不?"(0449c03)

引申义为"胜过;超过",动词。例如:

（3）以此方之，**剧**汝困苦，百千万倍。（0449c15）

膹：《字汇·肉部》：“膹，胀也。”膹，同“胮”，义为“肿胀”。《玉篇·肉部》：“胮，胮肛，胀大貌。”《集韵·江韵》：“胮，胮肛，肿也。或作‘膭’。”形容词，出现1次。例如：

（1）**膹**颔肿口气粗出，瞋怒心盛身胀大，出是恶声而谤言，幻惑诡伪见侵逼。（0461c22）

14.1.4　量词

滴：《说文》《玉篇》无此字，本义为“颗粒状滴下的液体”。例如：

（1）此林广大，数千万里，汝之翅羽所取之水，不过数**滴**，何以能灭如此大火？（0455a16）

反（返）：《说文·辵部》：“返，还也。”本义为“返回”，动词。《杂宝藏经》出现量词用法，“反”“返”通用。“反”4次；“返”11次。例如：

（1）菩萨下器，一切诸天，尽以天衣，同舁水中，菩萨出器，诸天举衣，弃著余处，一**反**抒海，减四十里；二**反**抒之，减八十里；三**反**抒之，减百二十里。（0408b10）

（2）尔时天地，六**反**震动，诸天宫殿，摇动不安，各怀恐怖，怪其所以。（0390a12）

（3）是时国中有盲导师，自前已曾数**返**入海，太子闻之，即往到边，向其殷勤，嘉言求晓：“汝当与我共入大海，示我行来利害去就。”（0411c26）

（4）门前有树，二鸟闻法，喜悦诵习，飞向树上，次第上下，经由七**返**，诵读所受四谛妙法。（0436c18）

掬：《玉篇·手部》：“掬，撮也。”本义为“撮取”，动词。引申为“双手一捧的容量”，量词，出现7次。例如：

（1）天神又复问言：“以一**掬**水，多于大海，谁能知之？”（0449b25）

（2）海神取水一**掬**，而问之曰：“**掬**中水多海水多耶？”贤者答曰：“**掬**中水多，非海水也。”（0354b26）

把:《说文·手部》:"把,握也。"本义为"把持",动词。引申为"手握一次的容量",量词,出现 3 次。例如:

(1)时有一人,见是塔庙,心生欢喜,即以一**把**华,散于塔上,获大善报。(0479b12)

(2)时王见之,便生恶心,手自**把**土,用垒尊者,语左右言:"尔等为我各各以土垒迦栴延。"(0495c23)

14.1.5　副词

初:《说文·刀部》:"初,始也。"本义为"裁衣",动词。引申为"刚刚;才",副词,出现 19 次。例如:

(1)昔舍卫国,有一大长者,生一女子,自识宿命,**初**生能语,而作是言:"不善所作,不孝所作,无惭所作,恶害所作,背恩所作。"(0453c25)

(2)诸婆罗门,**初**得粗食,咸皆忿恚,作色骂詈;后与细食,欢喜赞叹。(0489c25)

纯:《说文·糸部》:"纯,丝也。"本义为"蚕丝",名词。引申为"皆""都",副词,出现 4 次。例如:

(1)王问夫人言:"为生何物?"答言:"**纯**生面段。"(0452a04)

(2)王闻遣使,往覆捡之。即到屋里,**纯**见烂臭死人手头。(0474c06)

(3)乌即答言:"孔穴之中,**纯**是冷石,用此草木,以御风寒。"(0498c14)

脱:《说文·肉部》:"消肉臞也。"《尔雅·释器》:"肉曰脱之。"《玉篇·肉部》:"脱,肉去骨。"本义为"解脱",动词。《杂宝藏经》只出现副词用法,义为"或者;也许;可能",与本义只是同形词,出现 2 次。例如:

(1)时辟支佛等,而作是言:"俗内多事,**脱**能过忘,向狗来吠,似唤我等。"(0496b02)

(2)时梨耆弥,作是念言:"我今**脱**死,由是儿妇。"(0399c07)

14. 1. 6　连词

正：《说文·正部》："正，是也。"本义为"正中；不偏斜"，形容词。《杂宝藏经》出现连词用法，义为"如果；倘若"，出现 2 次。例如：

（1）正欲废长，已立为王；**正**欲不废，先许其愿。（0447a28）

第二节　复音新词

《杂宝藏经》出现复音新词 241 个，按构词方式说明如下：

14. 2. 1　复音单纯词

14. 2. 1. 1　联绵词

联绵新词出现 3 个。如下：

佉张：双声联绵词，义为"欺骗迷惑"。释玄应《一切经音义》引《尔雅》曰："佉张，诳也。"出现 1 次。例如：

（1）猎师答言："汝极粗疏，**佉张**乃尔，何不安徐匍匐而行?"（0479c16）

憧惶：叠韵联绵词，义为"害怕；慌乱"，出现 1 次。例如：

（1）遂复前进，被打狂走，值他捕雁，惊怖**憧惶**，触他罗网，由是之故，惊散他雁，猎师瞋恚，复捉榜打。（0479c16）

庠序：双声联绵词，义为"安详；肃穆"。释慧琳《一切经音义》曰："庠序，谓仪容有法度也。"出现 2 次。例如：

（1）时有鹳雀，在于池中，徐步举脚，诸鸟皆言："此鸟善行，威仪**庠序**，不恼水性。"（0464a20）

（2）会于中路，见一道人，执钵捉锡，行求乞食，即生心念："彼沙门者，形貌端政，威仪**庠序**，甚可恭敬，得施一食，不亦快乎?"（0466c26）

14.2.1.2　叠音词

哩哩：义为"声音滞涩;悲哀之声",《集韵·山韵》:"哩,语声。"出现1次。例如:

(1)时值诸子欲祀树神,便取一羊,遇得其父,将欲杀之,羊便**哩哩**笑而言曰:"而此树者,有何神灵?"(0492b15)

转转：义为"渐渐",王瑛《诗词曲语辞例释》曰:"转,表示程度加深的副词,相当于文言的'愈''益'。"出现3次。例如:

(1)**转转**前进,遂入铁城。(0451b08)

(2)受打已竟,举体疼痛,**转转**增剧,不堪其苦,复作是念:"我若在俗,是国王子,当绍王位,兵众势力,不减彼王。"(0459b08)

(3)昔舍卫国城中,有一女人,贫穷困苦,常于道头,乞索自活。**转转**经久,一切人民,无看视者。(0475a25)

惕惕：义为"急速;快速",《玉篇·心部》:"惕,疾也。"出现1次。例如:

(1)妇复语夫:"我乳亦**惕惕**而动,将非我子有不祥事不?"(0448b22)

数数：义为"屡次",出现4次。例如:

(1)亦常遣人,到彼山中,**数数**请兄。(0447c02)

(2)尔时舍卫国,有佛诸弟子,女人作邑会,**数数**往至佛边。(0473c28)

(3)时有龙王,名曰明相,**数数**往来比图酰所,听受法言。(0487c28)

索索：义为"细碎之声",出现1次。例如:

(1)时盲父母,闻王行声**索索**,心生恐怖。(0448b22)

14.2.2　合成词

14.2.2.1　主谓式

夏坐：佛教教义规定,从4月16日至7月15日,僧徒禁止外出,必须专心坐禅修行,亦叫"夏坐安居",动词,出现3次。例如:

(1)佛在舍卫国,告诸比丘言:"我今欲往忉利天上,**夏坐**安居,为母

说法。汝诸比丘！谁乐去者，当随我去。"（0450a23）

（2）昔舍卫国，波斯匿王、须达长者久不见佛，心生渴仰，于**夏坐**后，遣使请佛。（0482b20）

（3）尔时尊者，有外生女，先在城外，住婆罗门聚落，甚有好发。以安居时至，心怀供养，剪己发卖，得五百金钱，请迦栴延，**夏坐**供养。（0489c29）

客作：义为"客居别处出卖劳动力"，《说文·宀部》："客，寄也。"王筠《句读》注曰："偶寄于是，非久居也。"动词，出现5次。例如：

（1）昔佛在世，须达长者，最后贫苦，财物都尽，**客作**佣力，得三斗米，炊作饮食。（0459a07）

（2）昔佛在世时，有长者子，早丧父母，孤穷伶俜，**客作**自活。（0469b08）

（3）昔干陀卫国，有一画师，名曰罽那，三年**客作**，得三十两金，欲还归家，而见他作般遮于瑟，问维那言："一日会，可用几许？"（0468a16）

自扑：义为"扑倒"。扑，亦作"撲"《广韵·觉韵》："撲，相撲，亦作'扑'。"释慧琳《一切经音义》卷五十五引《考声》曰："撲，谓投于地也。"动词，出现1次。例如：

（1）即上山头，**自扑**而死。（0454a06）

自高：义为"自以为了不起"，形容词，出现1次。例如：

（1）妄语无愧好两舌，邪见恶口或绮语，傲慢**自高**深计我，极大悭贪怀嫉妒，于此人所默然乐。（0461c22）

自致：义为"自己在某一方面用力"，动词，出现3次。例如：

（1）我由拔母，世世无难，**自致**成佛。（0450b12）

（2）我于尔时，为彼一国，除去恶法，成就孝顺之法，以此因缘**自致**成佛，是以今日，亦复赞叹孝顺之法也。（0455c27）

（3）以我往日有是因缘，今于末后，自致成佛。（0479b26）

价直：义为"体现在商品里的社会必要劳动"，后作"价值"，动词，出现 2 次。例如：

（1）其后辅相以一妙氎**价直**千万，以与于彼阿练比丘，（0460b28）

（2）月支国王，当献双剑**价直**十万两金，日入当至。（0490b28）

命终：义为"生命终止"，动词，出现 71 次。例如：

（1）有一长者，名曰婆伽，尊者舍利弗、目连，为说法要，得阿那含，**命终**生梵天上，即称名为婆伽梵。（0461a13）

（2）昔者有一罗汉道人，畜一沙弥，知此沙弥却后七日必当**命终**，与假归家，至七日头，敕使还来。（0468c26）

（3）舍卫国，有一长者，作浮图僧坊，长者得病，命终生三十三天。（0473b20）

星散：义为"残败零落"，比喻溃败之状，形容词，出现 1 次。例如：

（1）尔时波旬及八十亿众，不能令动，魔王军众，颠倒自堕，破坏**星散**。（0481b17）

五体投地：佛教最恭敬的行礼仪式，两手、两膝和头一起着地，形容佩服到了极点，动词，出现 3 次。例如：

（1）王见是事，叹未曾有，**五体投地**。（0457b02）

（2）时五百仙人，即**五体投地**，曲躬忏悔。（0461b13）

（3）于后日中，佛现出其家，婆罗门即捉利剑，而斫于佛，不能得着，见佛在虚空中，便自惭愧，**五体投地**。（0485a09）

14.2.2.2　联合式

短促：义为"时间极短；急促"，《广韵·缓韵》："短，促也。"《字汇·人部》："促，短也。"形容词，出现 1 次。例如：

（1）有长者女，早起扫地，会值如来于门前过，见生欢喜，注意看佛，寿命**短促**，即终生天。（0474b15）

伴侣：义为"在一起生活、工作或旅行之人"，名词，出现 2 次。例如：

（1）得母此语，谓呼已定，便计**伴侣**，欲入海去。（0450c27）

（2）天神现身，而语之言："我今与汝，以为**伴侣**。"（0455b22）

瞋忿：义为"忿怒;怨恨",动词,出现 5 次。例如：

（1）狱卒**瞋忿**,即以铁叉打童女头,寻便命终,生兜术陀天。（0451b28）

（2）王时**瞋忿**,今当试汝有自业力、无自业力?（0458a23）

（3）尔时城神,极大**瞋忿**,语仙人言："汝若入城,更度人者,我捉汝脚,掷于海外。"（0481c07）

瞋恚：义同"瞋忿",动词,出现 21 次。例如：

（1）见诸虫鸟揃谷穗处,**瞋恚**懊恼,便设罗网,捕得鹦鹉。（0449a14）

（2）若于父母,若复于佛及弟子所,起**瞋恚**心,此人为堕黑绳地狱,受苦无量,无有边际。（451c10）

（3）夫人瞋恚,而作是言："我宁刺法护咽中,取血而饮,不饮此酒。"王闻是语,**瞋恚**而言："学中唤法护来。"（0456c16）

瞋嫉：义为"忿怒;嫉恨",动词,出现 1 次。例如：

（1）时仇伽离心生**瞋嫉**,倍更忿盛。（0461a01）

迟晚：义为"迟延",动词,出现 2 次。例如：

（1）我子朝往取水,**迟晚**久待不来。（0448b22）

（2）妇答之言："今日三过,为君送食,何故**迟晚**?"（0475b09）

臣佐：义为"臣僚;官佐",名词,出现 1 次。例如：

（1）尔时国内风教既行,恶名消灭,夫人**臣佐**,皆生忠敬,一切人民,无不欢喜,譬如牛王渡水,导者既正,从者亦正。（0485a26）

除愈：义为"疾病痊愈",动词,出现 1 次。例如：

（1）第二力者,热病之人,见则**除愈**,光触其身,亦复得差。（0480c23）

粗涩：义为"粗糙;不精细",形容词,出现 1 次。例如：

（1）王于后日,而请尊者迦栴延,与**粗涩**饮食,遣人问言："而今此食,称适意不?"（0489b21）

粗疏：义为"粗心;不周密",形容词,出现 1 次。例如：

（1）猎师答言："汝极**粗疏**，佛张乃尔，何不安徐匍匐而行?"（0479c16）

肥壮：义为"体大而肥胖"，形容词，出现 1 次。例如：

（1）昔于迦尸国，时有龙王兄弟二人，一名大达，二名优婆大达，恒雨甘雨，使其国内，草木滋长，五谷成熟，畜生饮水，皆得**肥壮**，牛羊蕃息。（0461c07）

呵骂：义为"斥骂"，动词，出现 1 次。例如：

（1）时有释女，名曰电光，是耶输陀罗姨母之女，椎胸拍髀，瞋恚**呵骂**："耶输陀罗！汝于尊长所亲，何以自损?"（0496b13）

会值：义为"适逢；恰巧碰上"，副词，出现 5 次。例如：

（1）**会值**窑中先时有一牧牛之女，在后深处；而声闻人，不入定时，无异凡夫，故不知见。（0461a01）

（2）**会值**王大夫人亡来七日，王遣使者，按行国界，谁有福德?（0467c17）

（3）有长者女，早起扫地，**会值**如来于门前过，见生欢喜，注意看佛。（0474b15）

寂静：义为"没有声音；安静"，形容词，出现 1 次。例如：

（1）即还归家，至寂静处，共相问言："汝闻何语?"（0469c18）

讥责：义为"讥讽；指责"，动词，出现 1 次。例如：

（1）彼鸟之王，犹有善言，奈何人王，为彼**讥责**，傥能改修。（0485a26）

检校：义为"查核；察看"，动词，出现 1 次。例如：

（1）王即遣人，就狱**检校**。（0457b02）

践蹋：义为"踩踏"，动词，出现 1 次。例如：

（1）时守麻者，具说**践蹋**胡麻之状，示其道处。（0479c16）

骄豪：义为"骄矜"，形容词，出现 1 次。例如：

（1）那伽斯那身体长大，将诸徒众，在中特出，王心**骄豪**，诡因游猎，

路次相逢,见其姝长,即自摇指异道而去,竟不共语。(0492c24)

憍逸:义为"骄横淫逸",形容词,出现1次。例如:

(1)内无德行外**憍逸**,实无有知生憍慢,好与强诤亲恶友,名称损减得恶声。(0461c22)

剋责:义为"责备",动词,出现1次。例如:

(1)时老比丘,以惭愧故,深自**剋责**,即复获果。(0494c02)

诳惑:义为"欺骗;瞒哄",形容词,出现1次。例如:

(1)如此**诳惑**,前后非一,恶缘之后,闻有善瑞,皆来云集。(0495c23)

恡惜:义为"顾惜;舍不得",形容词,出现1次。例如:

(1)第三夫人,王甚爱敬,而语之言:"我今于尔,所有财宝都无**恡惜**,若有所须,随尔所愿。"(0447a17)

冒犯:义为"触犯;侵犯",动词,出现1次。例如:

(1)臣有老父,不忍遣弃,**冒犯**王法,藏着地中。(0450a07)

苗稼:义为"田禾;庄稼",名词,出现2次。例如:

(1)后于一日,出到田中,见其田中,所生**苗稼**,变成金禾,皆长数尺,收刈已尽,还生如初。(0469c18)

(2)被瞋打已,情甚懊恼,即入王田胡麻地中,蹋践胡麻,**苗稼**摧折。(0479c16)

顰蹙:义为"皱眉皱额",比喻忧愁不乐,动词,出现1次。例如:

(1)二和颜悦色施,于父母师长沙门婆罗门,不**顰蹙**恶色,舍身受身,得端正色;未来成佛,得真金色,是名第二果报。(0479a14)

末后:义为"后来",名词,出现2次。例如:

(1)**末后**世尊,自来乞食,亦与满钵。(0459a07)

(2)以我往日有是因缘,今于**末后**,自致成佛。(0479b26)

欺凌:义为"欺压;欺辱",动词,出现1次。例如:

(1)王言:"彼**欺凌**我。"象言:"听我使往,令彼怨敌不敢欺侮。"

（0456b04）

统摄：义为"统领；总辖"，动词，出现 1 次。例如：

（1）弟知兄意终不可回，寻即从兄，索得革屣，惆怅懊恼，赍还归国，**统摄**国政。（0447c02）

煴暖：亦作"煴煖"，义为"暖和"，形容词，出现 1 次。例如：

（1）以我前世修行之时，虽于父母师长所，沙门婆罗门，生忠孝心，恭敬礼拜，然而不能为施床坐**煴暖**敷具。（0466a15）

丧失：义为"丢失；遗失"，动词，出现 3 次。例如：

（1）若其不如为他所害，**丧失**己身，殃延众庶，增他重罪，令陷地狱，更相残杀。（0459c05）

（2）兄钱财**丧失**，以渐贫穷，来从弟乞，其弟乃至不让兄食。（0470b21）

（3）一切富贵，皆为衰灭之所摧碎，四方而至，为归**丧失**。（0488c26）

嫌恨：义为"怨恨"，动词，出现 1 次。例如：

（1）富贵强盛常谦忍，不可忍忍是名忍，嫌恨者所不**嫌恨**，于瞋人中常心净。（0461c22）

斫截：义为"砍击"，动词，出现 1 次。例如：

（1）便引项令长十余丈，语栴陀罗："随尔**斫截**。"（0495b11）

羁靽：义为"羁绊"，动词，出现 1 次。例如：

（1）三人念瞿昙之法，见欲过患，即断欲结，譬如大象绝于**羁靽**，断其贪欲，亦复如是。（0476c14）

胜妙：义为"佳妙；佳美"，形容词，出现 1 次。例如：

（1）奇哉功德田，能生**胜妙**报，昔少修微因，而得生天上。（0472b12）

然可：义为"同意；应允"，动词，出现 1 次。例如：

（1）其母**然可**，于是发去。（0450c08）

游行：义为"漫游"，动词，出现 2 次。例如：

（1）佛时**游行**，到居荷罗国，便于中路一树下坐。（0450b16）

（2）林中**游行**,偶值莲花,意欲与贤,善贤夺去。（0454a06）

依附:义为"附着;归属",动词,出现1次。例如:

（1）渐渐聚集,多人**依附**,遂成大国。（0486c27）

疑怪:义为"奇异;怪诞",动词,出现8次。例如:

（1）遥见铁城,心生**疑怪**,而作是念言:"外虽是铁,内为极好。"（0451b08）

（2）诸比丘**疑怪**问佛:"此贤比丘尼,何以故从出家以来不见佛?"（0454a04）

（3）诸比丘**疑怪**,各有尔许人,拔三恶道。（0478b10）

谓呼:义为"言说",动词,出现1次。例如:

（1）得母此语,**谓呼**已定,便计伴侣,欲入海去。（0450c27）

委曲:义为"事情的经过",形容词,出现1次。例如:

（1）问其**委曲**,知是所亲,王即告言:"好亲近我,慎莫远离。"（0467b09）

名称:义为"称号与称谓",名词,出现5次。例如:

（1）尔时依止提婆达多者,长夜受衰苦,现身得恶**名称**,人不供养,将来堕三恶道。（0449a27）

（2）实无有知生憍慢,好与强诤亲恶友,**名称**损减得恶声。（0454c14）

（3）既得五神通,于众人前,现种种神足,于是已后大得**名称**利养,乃于老者生嫉妒心,处处诽谤,即退失神足。（0496b13）

失错:义为"出现差错",动词,出现1次。例如:

（1）我从直道行,数被踬顿,精神**失错**,行步躁疾,触君罗网,愿见宽放,令我前进。（0479c16）

宿旧:义为"旧交;老友",名词,出现2次。例如:

（1）老仙人者,**宿旧**有德;是壮仙人,横生诽谤。（0465c01）

（2）我昔从**宿旧**所闻,如来阿罗诃三藐三佛陀出现世间,诸天众增

长,阿须伦众减少。(0476c14)

宿老:义为"老前辈",名词,出现3次。例如:

(1)恭敬**宿老**,有大利益:未曾闻事而得闻解,名称远达,智者所敬。
(0449a27)

(2)如来世尊!而常赞叹恭敬父母耆长**宿老**。(0449a29)

(3)不但今日,我于过去无量劫中,恒恭敬父母耆长**宿老**。(0449b01)

料理:义为"处理;整理",动词,出现3次。例如:

(1)若此驼骡,**料理**僧事,我终不得好食自活,当设方便。(0457a06)

(2)自见定是天身,心生欢喜,常念塔寺,以天眼观所作塔寺,今谁**料
理**?(0473b20)

(3)既到城内,发屋坏墙,不可**料理**。(0486b14)

盲冥:义为"眼睛失明",形容词,出现1次。例如:

(1)王即发看,两眼**盲冥**,不见于物。(0464c13)

面首:义为"男宠",名词,出现1次。例如:

(1)汝妇孙陀利,**面首**端政,何如此猕猴也?(0485c12)

邻比:义为"近邻;邻居",名词,出现2次。例如:

(1)**邻比**问言:"汝父母为何所在?"(0455b22)

(2)**邻比**告官:"此贫穷人,屋里自然有此金藉。"(0470b21)

计较:义为"比较得失",动词,出现1次。例如:

(1)王大夫人,闻此语已,心生妒忌,渐作**计校**,恩厚招喻鹿女夫人左
右侍从,饶与钱财珍宝。(0452c18)

待遇:义为"接待",名词,出现1次。例如:

(1)如此三人,王所亲善,**待遇**隆厚,进止左右。(0484b16)

存活:义为"保全生命",动词,出现2次。例如:

(1)我曾粪中,拾得两钱,恒常宝惜,以俟乞索不如意时,当贸饮食用
自**存活**。(0467b26)

(2)夫言:"若当相卖,我身如何得自**存活**?"(0468b13)

采取：义为"采摘;收获"，动词，出现 2 次。例如：

（1）时鹦鹉子，以彼田主先有施心，即常于田，**采取**稻谷，以供父母。（0449a09）

（2）田主先有好心，施物无恡，由是之故，故我敢来，**采取**稻谷。（0449a14）

（3）既过旷野，到神仙住处，**采取**华果，以自供食。（0458c08）

鄙陋：义为"庸俗浅薄"，形容词，出现 1 次。例如：

（1）今日下贱，汝等从佛口闻法，为佛所开解，云何生此**鄙陋**之处？（0476c14）

饱满：义为"充实;充足"，形容词，出现 2 次。例如：

（1）时长者子，闻有贾客，欢喜与食，五百贾客，皆得充足，一切将从，悉亦**饱满**。（0469c03）

（2）我念往昔五百世中，生于狗中，常困饥渴，唯于二时，得自**饱满**。（0484a02）

成立：义为"成人;自立"，动词，出现 1 次。例如：

（1）此身**成立**，皆由父母，得见日月，生活所作。（0455c11）

私自：义为"背着别人做事;私下"，副词，出现 2 次。例如：

（1）既到山已，见向长者，设种种馔，供养众僧，**私自**思惟……（0467b26）

（2）王见欢喜，心生敬重，如是数时，**私自**念言……（0467c17）

志意：义为"思想;精神"，名词，出现 1 次。例如：

（1）释提桓因，感其**志意**，为降大雨，火即得灭。（0455a16）

交会：义为"交媾"，动词，出现 1 次。例如：

（1）妇言："来前与我**交会**。"夫言："人身臭秽，不复可近，欲为我妻者，但勤供养佛及比丘僧，命终之后，生我天宫，以汝为妻。"（0473b20）

告敕：义为"告诫"，动词，出现 1 次。例如：

（1）我今奉王，至诚无二，若有不理，宜应**告敕**。（0495a02）

付嘱:义为"委付;嘱告",动词,出现 1 次。例如:

(1)如来今者,可闲静住,以此大众,**付嘱**于我。(0465a09)

耆长:义为"主管捕捉盗贼的差役",名词,出现 2 次。例如:

(1)如来世尊! 而常赞叹恭敬父母**耆长**宿老。(0449a29)

(2)不但今日,我于过去无量劫中,恒恭敬父母**耆长**宿老。(0449b01)

庆悦:义为"喜悦;喜庆",《广雅·释诂一》:"悦,喜也。"形容词,出现 2 次。例如:

(1)既到火里,身体清凉,极大快乐,见佛在中,倍复**庆悦**,求欲出家。(0488b01)

(2)时婆罗门,憙闻行道,心怀**庆悦**。(0497c26)

乳哺:义为"哺育;养育",动词,出现 2 次。例如:

(1)大王! 父母恩重,犹如天地,怀抱十月,推干去湿,**乳哺**养大,教授人事。(0455c11)

(2)即与空器,时空器中,百味饭食,自然盈满。设以四天下金,用为**乳哺**,不足一劫,况九十一劫,常受快乐。(0470b21)

烂堕:义为"损毁;腐坏",动词,出现 1 次。例如:

(1)如是慈悲,覆育于我,我若自手取,手当**烂堕**。(0454a18)

危惙:义为"恐惧;害怕",《说文·危部》:"危,在高而惧也。"《字汇》:"危,疾剧也。"《魏书·抱嶷传》:"初,遇之疾也,太傅、北海王与太妃俱往临问,视其**危惙**,为之泣下。"出现 1 次。例如:

(1)时王遇患,命在**危惙**,即立太子罗摩,代己为王,以帛结发,头著天冠,仪容轨则,如王者法。(0447a25)

瘳差:义为"疾病康复",《说文·疒部》:"瘳,疾愈也。"《方言》卷三:"差,愈也。南楚病愈者谓之差。""差"亦作"瘥",《说文·疒部》:"瘥,愈也。"段玉裁注曰:"通作'差'。"动词,出现 1 次。例如:

(1)时小夫人,瞻视王病,小得**瘳差**,自恃如此,见于罗摩绍其父位,心生嫉妒,寻启于王求索先愿:"愿以我子为王,废于罗摩。"(0447a28)

瞤动：义为"眼皮跳动"，《说文·目部》："瞤，目动也。"桂馥《说文义证》曰："今谓眼睑掣动为瞤也。馥案：北俗为之眼跳。"动词，出现1次。例如：

（1）睒摩迦父时语妇言："我眼**瞤动**，将非我孝子睒摩迦有衰患不？"（0448b22）

遭罗：义为"遭遇；遭受"，《说文·辵部》："遭，遇也。"《方言》卷七："罗谓之离，离谓之罗。"动词，出现1次。例如：

（1）时因僧次，到长者家，得作上座。时彼长者估客入海，亡失珍宝，长者之妇，**遭罗**官事，儿复死丧，而摩诃罗说本咒愿，言后常然。（0479c16）

杻械：义为"囚禁犯人的刑具"，《说文·木部》："杻，械也。"段玉裁注引《广雅》曰："杻谓之梏。"《说文·木部》："械，桎梏也。"名词，出现1次。例如：

（1）天神又复化作一人，手脚**杻械**，项复着锁，身中火出，举体燋烂，而又问言："世颇有人苦剧我不？"（0449c12）

推觅：义为"寻求；寻觅"，《字汇·手部》："推，寻绎也。"《玉篇·见部》："觅，索也。"动词，出现4次。例如：

（1）儿既来还，**推觅**其母，即知处所，多赍钱财，勉赎其母，即于本国，而为生活，资财满足，倍胜于前。（0450c08）

（2）时奉王教，寻便**推觅**，得一穷下，将来诣王。（0458a23）

（3）时佛答言："汝有万子，唯失一子，何故苦恼愁忧而推觅耶？"（0492a13）

忏谢：义为"忏悔；谢罪"，《广韵·鉴韵》："忏，自陈悔也。"《正字通·言部》："自以为过曰谢。"动词，出现2次。例如：

（1）即如仙人言，还来**忏谢**莲华夫人。（0452a21）

（2）共**忏谢**已庄严夫人，著好衣服，乘大白象，着军阵前。五百力士举弓欲射，手自然直不得屈申，生大惊愕。（0452b06）

惊怕：义为"害怕;惊恐"，动词，出现3次。例如：

(1)诸人**惊怕**，靡知所趣，各相谓言："我等唯依凭佛，可免火难。"(0455a04)

(2)王闻异声，情甚**惊怕**，音声不绝，经历多时。(0493c06)

(3)时耶输陀罗，着白净衣，抱儿在怀，都不**惊怕**，面小有垢，于亲党中，抱儿而立。(0496c26)

勃逆：义为"不合常理"，"勃"通"悖"，朱骏声《说文通训定声·泰部》："勃，段借为悖。"《玉篇·心部》："悖，逆也。"《玉篇·辵部》："逆，不从也。"动词，出现2次。例如：

(1)母之所为，何期**勃逆**，便为烧灭我之门户。(0447b15)

(2)其子**勃逆**，不修仁孝，以瞋母故，举手向母，适打一下，即日出行。(0492c18)

憩息：义为"休息"，动词，出现1次。例如：

(1)时恶生王，将诸婇女，巡行游观，至于此林，顿驾**憩息**，即便睡眠。(0459a22)

挝打：义为"敲打;击打"，《玉篇·手部》："挝，打鼓也。"《集韵·麻韵》："挝，击也。"《说文新附·手部》："打，击也。"动词，出现2次。例如：

(1)即捉**挝打**，遍身伤坏。诸婇女言："此比丘无过。"(0459a22)

(2)丧主忿之，复捉**挝打**，而语之言："汝见死者，应当愍之，言自今已后，更莫如是，云何返言多入多入?"(0479c16)

拷楚：义为"用板子或棍棒之类的刑具拷打逼供"，《玉篇·手部》："拷，打也。"《说文·木部》："楚，丛木。一名荆也。"荆木古代用作惩治犯人的刑具，后引申为拷打，动词，出现1次。例如：

(1)更相残杀，冤家不息，轮转五道，无有终竟，反复寻之，何补身疮**拷楚**之痛?(0459c05)

悲愍：也作"悲悯"，义为"哀怜;怜悯"，《说文·心部》："悲，痛也。"

《说文·心部》："憨,痛也。"动词,出现 3 次。例如:

(1)有一大龟,背广一里,心生**悲憨**,来向船所,负载众人,即得渡海。(0464b14)

(2)见是苦恼,时比舍佉,深生**悲憨**,所得珍宝,悉亦分与,便修外道出家之法,得五神通。(0488b12)

(3)昔恶生王,为行残暴,无**悲憨**心,邪见炽盛。(0489b21)

憨念:义为"爱怜",张相《诗词曲语辞汇释》卷五曰:"念,犹怜也,爱也。"动词,出现 1 次。例如:

(1)优陀羡王,**憨念**其子并及国人,欲来教化劝令修善。(0495b11)

眠卧:义为"睡觉;休息",《说文·目部》:"瞑,翕目也。"朱骏声《说文通训定声·鼎部》:"瞑,字亦作'眠'。"《玉篇·目部》:"瞑,寐也。"《正字通·目部》:"眠,寝息也,俗谓之睡。"《说文·卧部》:"卧,休也。"《玉篇·卧部》:"卧,眠也。"动词,出现 1 次。例如:

(1)即担饮食还出山去,到一树下,**眠卧**止息。(0467b26)

力耐:义为"力量;能力",名词,出现 1 次。例如:

(1)波斯匿王,共至佛边,佛语婆罗门言:"汝识珠名字不?知珠生出处不?知珠**力耐**不?"(0480c23)

子胤:义为"后代;子嗣",《说文·肉部》:"胤,子孙相承续也。"引申为"后代",《玉篇·肉部》:"胤,嗣也。"名词,出现 1 次。例如:

(1)尔时求欲出家,父母不听,而语子言:"我家业事重,汝若出家,谁继后嗣?吾当为汝取妇,产一**子胤**,听汝出家。"(0483b13)

茕独:义为"孤独;没有依靠",《小尔雅·广义》:"凡无妻无夫通谓之寡,寡夫曰茕。"《说文·犬部》:"独,犬想得而斗也。羊为群,犬为独也。"《字汇·犬部》:"独,单也。"形容词,出现 1 次。例如:

(1)时有一人,**茕独**无父,家甚贫寒,有大胆力,即便应募。(0493c06)

迭互:义为"交替;轮流",《说文·走部》:"迭,更迭也。"动词,出现 1

次。例如：

（1）自昔以来，卢留城而与彼城，**迭互**盛衰，此国既灭，彼城复盛，由是之故，而尊者等，向花氏城，好音声长者于其界首，供养尊者。（0496a16）

闷绝：义为"气息断绝；晕厥"，《说文·心部》："闷，懑也。"《说文·糸部》："绝，断丝也。"动词，出现2次。例如：

（1）风吹此药，反堕己头上，即便**闷绝**，躄地欲死，医不能治。（0464c01）

（2）悔情既生，心怀懊恼，啼哭**闷绝**，良久乃苏，问栴陀罗父王所说。（0495b11）

苦厄：义为"困苦；灾难"，《玉篇·户部》："厄，困也，灾也。亦作'厄'。"释玄应《一切经音义》卷二十二曰："厄，困也。"形容词，出现1次。例如：

（1）孤小老者及病人，新失富贵羸劣者，贫穷无财失国主，单己**苦厄**无所依，于上种种困厄者，不生怜愍不名仁。（0461c22）

粪秽：义为"污秽的事物"，《说文·苹部》："粪，弃除也。"段玉裁注曰："古谓除秽曰粪，今人直谓秽曰粪，此古义今义之别也。"《玉篇·禾部》："秽，不净也。"名词，出现4次。例如：

（1）我来入城，七十余年，我自薄福，加我新产，饥羸无力，虽有脓血涕唾**粪秽**不净之食，诸大力者，于先持去，我不能得。（0483b13）

（2）栴延即答王言："夫身口者，譬如于灶，栴檀亦烧，**粪秽**亦烧，身口亦尔，食无粗细，饱足为限。"（0489b21）

（3）贝耳答言："汝但洒扫舍内，除去**粪秽**，香华严饰，极令清净，蒲桃粆浆酥乳之糜，各盛八器，有八道人，当以杖打上座头，语言入角，如是次第，尽驱入角。"（0493c06）

掷弃：义为"舍弃；抛弃"，《广韵·昔韵》："掷，投也。"《说文·苹部》："弃，捐也。"动词，出现1次。例如：

（1）一贾客言："我等今者，不见水草，慎莫**掷弃**。"（0465c19）

希简：义为"罕见；稀少"，《尔雅·释诂下》："希，罕也。"形容词，出现 1 次。例如：

（1）时有龙王，名曰明相，数数往来比图酰所，听受法言，亦于其妇，往返**希简**。（0487c28）

衣裓：义为"佛教徒挂在肩上的长方形布袋"，用以擦手或者盛物，名词，出现 1 次。例如：

（1）老婆罗门闻是事已，心怀忿恨，即取宝物，盛裹**衣裓**，弃妇而去。（0497b29）

叹美：义为"赞美"，动词，出现 1 次。例如：

（1）王即**叹美**，心生喜悦，奉养臣父，尊以为师，济我国家一切人命，如此利益，非我所知。（0450a15）

贡高：义为"骄傲自大"，释慧琳《一切经音义》卷二十五引《玉篇》曰："自姿为憍，凌他曰慢，慢前曰贡，举心曰高也。"形容词，出现 1 次。例如：

（1）先施两钱之时，善心极胜，后施珍宝，吾我**贡高**，是以我今不与咒愿。（0468a06）

詶敌：义为"匹敌"，《玉篇·言部》："詶，答也。"《广韵·尤韵》："詶，以言答之。"《尔雅·释诂上》："敌，匹也。"动词，出现 1 次。例如：

（1）昔难陀王，聪明博通，事无不练，以己所知谓无**詶敌**，因问群臣："颇有智慧聪辩之人，咨询疑事，能对我不？"（0492c24）

摧伏：义为"打败；制服"，《说文·手部》："摧，折也。"《正字通·人部》："伏，屈服也。"动词，出现 2 次。例如：

（1）比提酰王，有大香象，以香象力，**摧伏**迦尸王军。迦尸王作是念言："我今云何当得香象，摧伏比提酰王军？"（0456a10）

（2）于是王用大臣之言，军威所拟，靡不**摧伏**，四海之内，三方已定，唯有东方，未来归伏，即便严军，欲往讨罚。（0484b16）

谄曲：义为"奉迎；谄媚"，《说文·言部》："谄，谀也。"《玉篇·曲部》："曲，不直也。"动词，出现3次。例如：

(1)好乐斗诤怀**谄曲**，喜见他过作两舌，妄言恶口亦绮语，轻贱毁辱诸众生，更出痛言入心髓，不护身业口与意，智者远离至他方。(0465a13)

(2)诸比丘言："提婆达多，**谄曲**向佛。"(0465b10)

(3)从谁得子？毁辱我等，实是**谄曲**，非正直法。(0496c26)

谄诡：义为"奉承；诡诈"，《玉篇·言部》："诡，欺也，谩也。"动词，出现2次。例如：

(1)举脚而徐步，音声极柔软，欺诳于世间，谁不知**谄诡**？(0464a07)

(2)白鹅答言："我知汝**谄诡**，终不亲善。"(0464a29)

善濡：义为"言语温和"，《说文·誩部》："譱(善)，吉也。"形容词，出现1次。例如：

(1)嫉妒恶人无善心，见他利乐及名称，心生热恼大苦毒，言语**善濡**意极恶，唯智能远至他方。(0461c23)

悕仰：义为"羡慕；渴望"，《玉篇·心部》："悕，念也，顾也。"《说文·人部》："仰，举也。"《字汇·人部》："仰，心慕之辞。"动词，出现1次。例如：

(1)少仙人，见是已，心生**悕仰**，白老者言："愿教授我修五神通。"(0465c01)

绥化：义为"劝化；安抚"，《尔雅·释诂下》："绥，安也。"动词，出现1次。例如：

(1)时有一力士，来应王募，往彼旷野，**绥化**群贼，即能令其不复作贼。(0486c27)

流堕：义为"流落；落下"，《广雅·释诂一》："流，行也。"《广韵·果韵》："堕，落也。"动词，出现1次。例如：

(1)此婆罗门，常石上行小便，有精气，**流堕**石宕。(0451c14)

尸骸：义为"尸体；骸骨"，名词，出现1次。例如：

（1）驼骠厌恶，即升虚空，作十八变，入火光三昧，于虚空中，如火焰灭，无有**尸骸**。（0457a06）

护持：义为"保护；维护"，护，繁体字作"護"，《说文·言部》："護，救视也。"《广雅·释诂二》："护，助也。"动词，出现1次。例如：

（1）时尊者答言："我凡夫已来，受持禁戒，至突吉罗，等心**护持**，如四重无异，今诸人等，所以不能动此龙者，神力不同，故不能动。"（0483a20）

鄙媟：义为"轻慢；不恭敬"，《玉篇·邑部》："鄙，鄙陋。"《说文·女部》："媟，嫚也。"《玉篇·女部》："媟，慢也，嫚也。"形容词，出现1次。例如：

（1）我子悉达，本在家时，闻有五欲，耳尚不听，况当有欲而生于子？如斯之言，深为**鄙媟**。（0496c26）

过患：义为"祸患；灾祸"，朱骏声《说文通训定声·迁部》："过，段借为'祸'。"《广韵·谏韵》："患，亦过也。"名词，出现2次。例如：

（1）佛在王舍城，告提婆达多言："汝莫于如来生**过患**心，自取减损，得不安事，自受其苦。"（0463c14）

（2）三人念瞿昙之法，见欲**过患**，即断欲结，譬如大象绝于羁绊，断其贪欲，亦复如是。（0476c14）

俗表：义为"尘世；俗世"，释慧琳《一切经音义》卷二十六引《三苍》曰："表，外也。"名词，出现1次。例如：

（1）时尊者答言："我闻佛语，出家之人，道尊**俗表**，唯德是务，岂以服饰出迎接乎？"（0484a12）

触突：义为"冲撞；抵触"，动词，出现1次。例如：

（1）羊得火热，所在**触突**，焚烧村人，延及山野。（0499a14）

逆害：义为"忤逆；祸害"，动词，出现1次。例如：

（1）世间有人，不孝父母，**逆害**师长，叛于夫主，诽谤三尊。（0449c15）

发引：义为"起程；出发"，动词，出现1次。例如：

（1）达到宝渚，多取珍宝，与诸同伴，便还**发引**。（0450c27）

断理：义为"审理；裁决"，动词，出现1次。例如：

（1）有一弟子，见师乃在罽宾狱中，即来告王："我师离越，在王狱中，愿为**断理**。"（0457b02）

遮断：义为"断绝；阻拦"，《说文·辵部》："遮，遏也。"动词，出现1次。例如：

（1）夫主**遮断**，妇劝请言："莫断绝我，我今以请，使得充足。"（0458b27）

续命：义为"延长寿命"，动词，出现1次。例如：

（1）婆罗门叹言："是僧福田，最为深重，能使应死比丘**续命**延寿。"（0469a15）

方直：义为"形状方正"，形容词，出现1次。例如：

（1）天神又以一真檀木**方直**正等，又复问言："何者是头？"（0449c27）

柔软：义为"柔和；不坚硬"，《说文·木部》："柔，木曲直也。"段玉裁注曰："凡木曲者可直，直者可曲曰柔。"《玉篇·车部》："软，柔也。"形容词，出现4次。例如：

（1）世尊长夜，慈心怜愍，**柔软**共语。0463c16

（2）三名言辞施，于父母师长沙门婆罗门，出**柔软**语，非粗恶言。0479a14

系属：义为"归属；隶属"，动词，出现2次。例如：

（1）有一老母，名迦旦遮罗，**系属**于人，井上汲水。（0450b16）

（2）诸比丘疑怪，白佛言："世尊！以何因缘，**系属**于他，复以何缘，得阿罗汉？"（0450b29）

揩磨：义为"摩擦"，《广雅·释诂三》："揩，磨也。"《尔雅·释器》："玉谓之琢，石谓之磨。"郭璞注曰："皆治器之名。"动词，出现1次。例如：

（1）有一鹦鹉，名欢喜首。彼时林中，风吹两竹，共相**揩磨**，其间火

出,烧彼竹林,鸟兽恐怖,无归依处。(0455a16)

调顺:义为"顺从;服从",《说文·言部》:"调,和也。"动词,出现 4 次。例如:

(1)象思惟言:"若我远去,父母盲老,不如**调顺**往至王所。"(0456a10)

(2)诸比丘言:"希有世尊! 提婆达多,甚能谄伪,于众人前,**调顺**向佛;于屏处时,恶心骂佛。"(0464a16)

(3)佛时举右手,护财白象,见五百师子,象时恐怖,即便**调顺**。(0488c26)

过与:义为"交付;给予",《通雅·谚原》:"予亦谓之过。辰州人谓以物予人曰过。"动词,出现 1 次。例如:

(1)佛不为取,**过与**阿难,阿难亦不为取,阿难语言:"汝从谁得钵,还与本处。"(0485c12)

恃怙:义为"依赖;依靠",《说文·心部》:"恃,赖也。"《说文·心部》:"怙,恃也。"《尔雅·释言》:"怙,恃也。"动词,出现 3 次。例如:

(1)少失**恃怙**,居家丧尽,无人见看,是以困苦,褴褛如此。(0467b09)

(2)今当以正法治国……一切众生,及与人鬼,悉皆微灭,无可逃避,无可**恃怙**,不可救济。(0488c26)

(3)时耶输陀罗,见火坑已,方大惊怖,譬如野鹿,独在围中四向顾望,无可**恃怙**。(0497a17)

苦切:义为"恳切;迫切",形容词,出现 1 次。例如:

(1)我昔从汝,有所乞索,**苦切**见责,今日何故,来从我索?(0470b21)

投造:义为"投奔",动词,出现 1 次。例如:

(1)时枭答言:"今以困苦,来见**投造**,一身孤单,竟何能为?"(0498c14)

駈遣:义为"驱逐","駈"通"驱",《玉篇·马部》:"駈,同'驱'。"动

词,出现 1 次。例如:

(1)有一大臣,其父年老,依如国法,应在**駈遣**。(0449b03)

羡尚:义为"羡慕",动词,出现 1 次。例如:

(1)闻说四果,心生**羡尚**,语少比丘言:"汝等聪慧,愿以四果,以用与我。"(0494a23)

免意:义为"违背意愿",动词,出现 1 次。例如:

(1)王不**免意**,取琴而弹,夫人即举手而舞。(0495a02)

14.2.2.3 偏正式

面门:义为"面部",名词,出现 1 次。例如:

(1)此老母者,五百生中,曾为我母,爱心未尽,是以抱我。若当遮者,沸血从**面门**出,而即命终。(0450b19)

安眠:义为"安静地睡觉",动词,出现 1 次。例如:

(1)若于一宿住止处,少得供给而**安眠**,不应于彼生恶念,知恩报恩圣所赞。(0461c22)

按行:义为"巡行;巡视",动词,出现 3 次。例如:

(1)是时田主**按行**苗行,见诸虫鸟揃谷穗处,瞋恚懊恼,便设罗网,捕得鹦鹉。(0449a14)

(2)善光便即与夫相将,往故舍所,周历**按行**,随其行处。(0458a23)

(3)会值王大夫人亡来七日,王遣使者,**按行**国界,谁有福德?(0467c17)

鞭打:义为"用鞭子抽打",动词,出现 2 次。例如:

(1)汝今欲离生死怖惧**鞭打**痛者,当自观身以息怨谤。(0459c05)

(2)守胡麻者,瞋其如是,复加**鞭打**,极令劳辱。(0479c16)

横死:义为"遭遇意外而死亡",动词,出现 1 次。例如:

(1)大王若能用臣语者,使王一身之中,终不**横死**,百味随心,调适无患。(0484b16)

好处:义为"对人有利的事物",名词,出现 3 次。例如:

（1）汝前后所住，常得**好处**。（0451a14）

（2）自此已去，更无**好处**，不如即住。（0451a14）

（3）诸玉女等，恋慕我故，作是语耳，若当前进必有**好处**。（0451a14）

敬服：义为"敬重佩服"，动词，出现1次。例如：

（1）即升空中，作十八变。辅相见已，深怀**敬服**。（0460c19）

敬待：义为"对待前辈或上级尊敬，对待晚辈或下级宽容"，动词，出现1次。例如：

（1）然今此母，虽不生我，我父**敬待**，亦如我母，弟婆罗陀，极为和顺，实无异意。（0447b06）

粳米：大米品种之一，其味甘淡，其性平和，名词，出现1次。例如：

（1）时老仙人，即以神力，往欝单越，取成熟**粳米**，而来共食之。（0465c01）

聚落：义为"人们居住、生活、休息和进行各种社会活动的处所"，名词，出现15次。例如：

（1）有国名南方山，佛欲往彼国，于中路至一**聚落**宿。值彼**聚落**造作吉会，饮酒醉乱，不觉火起烧此**聚落**。（0455a04）

（2）昔有尊者舍利弗、目连，游诸**聚落**，到瓦师所，值天大雨，即于中宿。（0461a01）

（3）尔时尊者，有外生女，先在城外，住婆罗门**聚落**，甚有好发。（0489c29）

眷属：义为"家属；亲属"，名词，出现22次。例如：

（1）非但今日，乃往过去时，有二猕猴，各有五百**眷属**。（0454c14）

（2）有一长者，将诸**眷属**，往送供养。（0467b26）

（3）尔时如来降化外道邪见六师，及其**眷属**，悉使破尽。（0488b01）

门师：义为"居家修行的佛门师父"，名词，出现1次。例如：

（1）其弟聪明，学问博识，诵三藏经，后为辅相请作**门师**，多与财钱，委使营造僧房塔寺。（0460b14）

启请：义为"讽经之前，奉请诸佛"，动词，出现 2 次。例如：

（1）犹勤启请："唯愿教我。"（0465c01）

绮语：义为"花言巧语欺骗别人"，名词，出现 2 次。例如：

（1）好乐斗诤怀谄曲，喜见他过作两舌，妄言恶口亦绮语，轻贱毁辱诸众生，更出痛言入心髓，不护身业口与意……（0461c22）

亲里：义为"亲属和邻里"，名词，出现 2 次。例如：

（1）舍卫国，有一长者子，于佛法中出家，常乐亲里眷属，不乐欲与道人共事，亦不乐于读经行道。（0454b13）

（2）妇时嗔责，即集亲里，缚其夫主，诣断事人。（0468a16）

劝谏：义为"用委婉的语言规劝，多用来臣下对皇上"，动词，出现 3 次。例如：

（1）汝为是谁？劝谏于我。（0473b20）

（2）王心惑着，单将数人，欲往彼国，诸臣劝谏，不肯受用。（0486b14）

（3）时王军王，心怀忧愕，疑惑转生，劝谏不已，遂作恶意。（0495b11）

善行：义为"美好的行为或品行"，名词，出现 3 次。例如：

（1）云何为二？一者供养父母；二者于父母所作众善行。（0449a04）

（2）此鸟善行，威仪庠序，不恼水性。（0464a20）

（3）昔为人时，于迦叶佛所，受持八斋，由是善行生于天上，而见道迹。（0472b19）

上首：义为"大众之中的上位者"，名词，出现 1 次。例如：

（1）遂立为夫人，五百媒女中，最为上首。（0451c25）

殊妙：义为"绝妙"，形容词，出现 6 次。例如：

（1）以是因缘，受天果报，身形端正，光明殊妙，眷属众多，胜余诸天。（0466b25）

（2）昔迦尸国王，名曰满面，比提希国，有一淫女，端政殊妙。

（0486b14）

（3）昔有一妇女,端政**殊妙**,于外道法中出家修道。（0492c01）

赎取:义为"用钱物或其他代价换取",动词,出现 1 次。例如:

（1）王大出钱财,**赎取**龙王。（0463c18）

宿福:义为"前世注定的福分",名词,出现 1 次。例如:

（1）尊者答言:"是王**宿福**果报,但取勿疑。"（0491b09）

宿火:义为"火隔夜未熄;预先留下火种",动词兼名词,出现 2 次。例如:

（1）婆罗门法,夜恒**宿火**,偶值一夜火灭无有,走至他家,欲从乞火。（0451c14）

（2）此女**宿火**,小不用意,使令火灭。（0452b26）

香象:佛经中指诸象之一,其身青色,有香气,名词,出现 8 次。例如:

（1）迦尸国王白**香象**养盲父母并和二国缘。（0453c11）

（2）比提酰王,有大香象,以**香象**力,摧伏迦尸王军。迦尸王作是念言:"我今云何当得**香象**,摧伏比提酰王军?"（0456a10）

（3）时有人言:"我见山中有一白**香象**。"（0456a10）

羊群:义为"若干只羊聚在一起形成的群体",名词,出现 1 次。例如:

（1）其父后时,寿尽命终,行业所追,还生已家**羊群**之中。（0492b15）

役力:义为"效力;出力做事",动词,出现 1 次。例如:

（1）我于过去久远世时,波罗奈国有长者子,名慈童女,其父早丧,钱财用尽,**役力**卖薪,日得两钱,奉养老母。（0450c21）

荫凉:义为"阴凉的地方",名词,出现 1 次。例如:

（1）正法如盖能遮雨,修行法者法拥护,行法力故断恶趣,如春盛热得**荫凉**。（0461c22）

淤泥:义为"河流、湖沼、池塘中沉积的泥沙",名词,出现 3 次。例如:

（1）欲心生恋着，如象没淤泥，亦如象醉狂，非钩之所制。（0476a28）

（2）我于尔时，欲淤泥中拔出难陀，今亦拔其生死之苦。（0486b14）

恋著：义为"贪恋"，名词，出现 1 次。例如：

（1）欲心生恋著，如象没淤泥，亦如象醉狂，非钩之所制。（0476a28）

冤家：义为"仇人"，名词，出现 1 次。例如：

（1）若其不如为他所害，丧失己身，殃延众庶，增他重罪，令陷地狱，更相残杀，冤家不息，轮转五道，无有终竟，反复寻之，何补身疮拷楚之痛？（0459c05）

纵使：义为"即使"，连词，出现 1 次。例如：

（1）纵使失诸比丘衣物，我饶财宝，足有可偿。（0485c12）

小行：义为"小便"，名词，出现 1 次。例如：

（1）时有梵志，在彼山住，大小便利，恒于石上，后有精气，堕小行处，雌鹿来舐，即便有娠。（0452b26）

同伴：义为"在一起从事某项活动的人"，名词，出现 1 次。例如：

（1）达到宝渚，多取珍宝，与诸同伴，便还发引。（0450c27）

前行：义为"向前行进"，动词，出现 7 次。例如：

（1）不顾其言，便复前行。（0451a14）

（2）彼有群牛，汝问最在前行者。（0492b02）

（3）离舍既远，于其路中，见一婆罗门，便共为伴，于其日暮，一处共宿，至明清旦，复共前行。（0497c13）

人中：义为"众人之中"，名词，出现 26 次。例如：

（1）我生人中，自识宿命，并拔此白象牙取。（0454a06）

（2）得生人中豪贵之处，众事备足。（0478a10）

（3）往在人中，不堪辛苦，欲还于家。（0483a15）

好心：义为"好意；善心"，名词，出现 3 次。例如：

（1）田主先有好心，施物无恪，由是之故，故我敢来，采取稻谷。（0449a14）

（2）若有**好心**，得五神通，必有利益；若无好心，反为恶害。（0465c01）

从来：义为"从哪里来；来源"，引申为"一直以来"，副词，出现 3 次。例如：

（1）我子**从来**，无害心者，此毒应消。（0481b02）

（2）生天之法，法有三念：一者念本所**从来**；二者念定生何处；三者念先作何业得来生天？（0488c01）

（3）不审此钵，为自然出，为有**从来**？（0491b28）

凡夫：义为"平庸之人"，名词，出现 6 次。例如：

（1）于诸**凡夫**，名为觉者；于诸罗汉，名之为睡。（0449b18）

（2）汝都无所得，云何以此生死**凡夫**，与诸婇女，共一处坐。（0459a22）

（3）过去劫时，舍利弗、目连等，曾为**凡夫**。（0461b04）

居家：义为"全家"，名词，出现 4 次。例如：

（1）我父先舍卫城中第一长者，父母**居家**，都以死尽，无所依怙，是以穷乏。（0458a23）

（2）昔有一人，**居家**贫穷，为人肆力，得麨六升，赍持归家，养育妻息。（0466c26）

（3）问言："何以褴褛乃至尔也？"答言："少失怙怙，**居家**丧尽，无人见看，是以困苦，褴褛如此。"（0467b09）

要脉：义为"事物的关键"，名词，出现 1 次。例如：

（1）当还奉事，观其**要脉**而伤害之，乃可得杀。（0465a29）

疑念：义为"疑虑；不能确定的想法"，名词，出现 1 次。例如：

（1）尔时贫人，自生**疑念**："使我现得王五国者，此事不小，恐无实耳。"（0467a22）

谛视：义为"仔细看"，《说文·言部》："谛，审也。"动词，出现 1 次。例如：

（1）辅相见已，**谛视**形相，而语之言："汝非某甲子耶？"（0467b09）

道头：义为"路口"，名词，出现 6 次。例如：

（1）佛经行**道头**，然灯供养。（0472b25）

（2）昔在人间，于僧自恣日，佛经行**道头**，然灯供养，阿阇世王，斩其腰杀。（0472c13）

（3）昔舍卫国城中，有一女人，贫穷困苦，常于**道头**，乞索自活。（0475a25）

渴仰：义为"渴望；期盼"，《说文·人部》："仰，举也。"《字汇·人部》："仰，心慕之辞。"动词，出现 3 次。例如：

（1）大达语弟："莫作瞋恚！我等今当还向本处，迦尸国王，**渴仰**我等。"（0461c07）

（2）昔舍卫国，波斯匿王、须达长者久不见佛，心生**渴仰**，于夏坐后，遣使请佛。（0482b20）

（3）略而言之，满六年已，白净王**渴仰**于佛，遣往请佛。（0497b10）

良匹：义为"佳配"，《说文·匸部》："匹，四丈也。"王筠《句读》曰："古之布帛，自两头卷之，一匹两卷，故古谓之两，汉谓之匹也。"《广韵·质韵》："匹，偶也。"名词，出现 1 次。例如：

（1）会得好夫，尔时诸女，而问女言："尔作何缘，得此**良匹**？"（0496a16）

学人：义为"学佛修道之人"，修行介于凡夫和罗汉之间，名词，出现 1 次。例如：

（1）此名**学人**。于诸凡夫，名为觉者；于诸罗汉，名之为睡。（0449b18）

直人：义为"仆人"，《玉篇·乚部》："直，侍也。"《说文·人部》："侍，承也。"段玉裁注曰："承者，奉也，受也。凡言侍者，皆敬恭承奉之义。"名词，出现 1 次。例如：

（1）即遣**直人**，语夫人言："我今当使一人往者，重与钱财衣服璎珞。"（0460a07）

快士：义为"修道者"，名词，出现6次。例如：

（1）母子二人，田中锄谷，见一辟支佛，持钵乞食，母语女言："我欲家中取我食分与是**快士**。"（0453b03）

（2）还来到门，见辟支佛空钵而出，心自生念："此是**快士**，晨见入城，今乃空来，若今与我共归至舍，当共分食以奉施之。"（0435a12）

坏信：义为"不坚定的信念"，名词，出现2次。例如：

（1）尔时王舍城，频婆娑罗王，于佛法中得道，获不**坏信**，常以灯明，供养于佛。（0472b25）

（2）佛语帝释："汝于何处得，是不**坏信**？"（0478a10）

道迹：义为"佛教中能让人趋向善处的道行"，名词，出现3次。例如：

（1）过去之时，以妙莲华，供养迦叶佛塔，故获胜果，今见**道迹**也。（0472a24）

（2）昔为人时，于迦叶佛所，受持八斋，由是善行生于天上，而见**道迹**。（0472b19）

（3）时诸弟子，闻说此语，皆厌患生死，即得**道迹**。（0483c16）

家内：义为"妻子"，名词，出现2次。例如：

（1）王女即日，遣其夫主，往请于王。王即受请，见其**家内**，氍毹毾㲪，庄严舍宅，逾于王宫。（0458b12）

（2）欲去之时，语其**家内**："为我送食。"（0475b09）

大家：义为"仆人对主人的称呼"，名词，出现2次。例如：

（1）**大家**闻已，极大瞋恚，以杖而打，实时命终，生于天上。（0475b09）

（2）本于人中，作长者婢，为长者子送食，值佛如来，即以施佛，**大家**瞋恚，以杖打杀。（0475b09）

下流：义为"江河的下游"，名词，出现3次。例如：

（1）时萨耽菩王，在于**下流**，与诸妹女，游戏河边。（0452a08）

（2）时乌耆延王，将诸徒从夫人婇女，**下流**游戏。（0453a02）

（3）于河**下流**，有国王崩，彼国相师，推求国中，谁应为王。（0458c08）

食分：义为"食物的份额"，徐灏《说文解字注笺·八部》："分，分物谓之分，平声；言其所分同分，去声。"名词，出现 2 次。例如：

（1）母子二人，田中锄谷，见一辟支佛，持钵乞食，母语女言："我欲家中取我**食分**与是快士。"女言："亦取我分并与。"母即归家，取母子二人**食分**，来与辟支佛。（0453b03）

（2）我父母年老会当至死，我便埋之。以父母**食分**，欲养儿子，使得长大。（0455b22）

路次：义为"路途中间"，名词，出现 2 次。例如：

（1）王心骄豪，诡因游猎，**路次**相逢。（0492c24）

（2）时王出军，游戏回还，于其**路次**，而见尊者迦栴延，端坐静处，坐禅入定。（0495c23）

药力：义为"药物的效力"，名词，出现 1 次。例如：

（1）世幻咒术，及以**药力**，亦能神变。（0495b11）

小出：义为"暂时外出"，动词，出现 1 次。例如：

（1）时彼妇人，事缘**小出**，我时即入，盗彼饭食。（0484a02）

理极：义为"非常"，程度副词，出现 2 次。例如：

（1）时有妇人，偶行在此，值天降雨风寒**理极**，无避雨处，即向定光仙所，寄宿一夜。（0461b13）

（2）昔有一人，名劚夷罗，夫妇二人，贫穷**理极**，佣赁自活。（0468b13）

一旦：义为"一下子"，连词，出现 2 次。例如：

（1）诸玉女言："阎浮提人，甚无反复，共我生活，经四万岁，云何**一旦**舍我而去？"（0451a14）

（2）尔时长者，往白王言："彼人净行，世之无比，如何**一旦**而被拘执？宁失财物，愿王放舍。"（0498a22）

长夜：义为"长时间；长时期"，副词，出现 5 次。例如：

（1）尔时依止我者，**长夜**受乐，现得名称供养，将来得人天解脱。

（0454c14）

（2）提婆达多于如来所，常生恶心；世尊**长夜**，慈心怜愍，柔软共语。（0463c16）

（3）我于**长夜**，常欲见佛，欲得闻法。（0476c02）

喊言：义为"呵斥；呵骂"，《玉篇·口部》："喊，喝喊也。"动词，出现 1 次。例如：

（1）夜至冢间，闻唤王声，即便**喊言**："叱！汝是谁？"（0493c06）

鹿女：义为"仙女"，名词，出现 5 次。例如：

（1）王大夫人，甚妒**鹿女**，而作是言："王今爱重，若生五百子，倍当敬之。"（0451c25）

（2）王大夫人，闻此语已，心生妒忌，渐作计校，恩厚招喻**鹿女**夫人左右侍从，饶与钱财珍宝。（0452c18）

（3）尔时**鹿女**，日月满足，便生千叶莲华。（0452c18）

不获已：同"不得已"，义为"无可奈何"，《广雅·释诂三》："获，得也。"《说文·彳部》："得，行有所得也。"《玉篇·彳部》："得，获也。"动词，出现 2 次。例如：

（1）如是展转，互相推让，兄**不获已**，遂还为王。（0447c09）

（2）我即问儿病之由状，儿不肯道，为问不止，儿**不获已**，而语母言："我正不道，恐命不全；正欲具道，无颜之甚。"（0492c01）

14.2.2.4 动宾式

行水：义为"饭前、饭后用水洗手、漱口或者洁身"，表达对佛祖的尊重，动词，出现 1 次。例如：

（1）饭食已讫，长者**行水**，在尊者前，敷小床座，舍利弗咒愿而言："今日良时得好报，财利乐事一切集，踊跃欢喜心悦乐，信心踊发念十力，如似今日后常然。"（0479c04）

用意：义为"用心"，动词，出现 2 次。例如：

（1）此女宿火，小不**用意**，使令火灭。（0452b26）

佣力：义为"出卖体力谋生"，动词，出现 2 次。例如：

（1）昔佛在世，须达长者，最后贫苦，财物都尽，客作**佣力**，得三斗米，炊作饮食。（0459a07）

（2）由我先身不种福业故受此报，**佣力**自活，今遭福田，云何不作？（0468a16）

无垢：义为"心地洁净"，形容词，出现 4 次。例如：

（1）昔佛在世，有梵志兄弟五人，一名耶奢。二名**无垢**（注：以此命名），三名憍梵波提，四名苏驮夷……其最小弟，名曰弗那。（0469c18）

（2）一切沙门婆罗门，尽得一究竟不？得一**无垢**不？得一究竟梵行不？（0477c08）

（3）一切沙门婆罗门，不能尽得一究竟一**无垢**，亦不得一究竟梵行。（0477c12）

无颜：义为"没有颜面；羞愧"，形容词，出现 1 次。例如：

（1）我正不道，恐命不全；正欲具道，**无颜**之甚。（0492c01）

摄心：义为"控制心智"，动词，出现 1 次。例如：

（1）复有三法：一者欲，二者正勤，三者多习**摄心**。（0477b19）

加害：义为"蓄意危害"，动词，出现 5 次。例如：

（1）寻便遣人，将迦栴延，垂欲**加害**。（0489b21）

（2）其夫愚痴，即用妇语，便将其母，至旷野中，缚结手足，将欲**加害**。（0493b22）

（3）我之昔来，亦受恩遇于父王所，实无逆心，而今被遣来杀父王，若不**加害**，必受诛罚。（0495b11）

陈谢：义为"表示感谢"，动词，出现 1 次。例如：

（1）王闻是已，心怀懊恼，即与群臣，参议斯事，各自**陈谢**，称不能别。（0449b07）

禳灾：义为"行使法术解除面临的灾难"，动词，出现 2 次。例如：

（1）要须八种可得**禳灾**：一杀王所敬夫人尸婆具沙……（0490a26）

（2）夫人具说王之恶梦，却后七日，当杀我等，用**禳**灾患，余命未几，故来听法。（0490b28）

垂死：义为"接近死亡"，动词，出现 2 次。例如：

（1）粮食乏尽，困饿**垂死**。（0448a08）

（2）此天女者，昔在人间，困饿**垂死**，佛使阿难与食，既得食已，心生欢喜。（0475a25）

坐肆：义为"开店做生意"，动词，出现 1 次。例如：

（1）母养其子，其子长大，复欲远去。祖母语言："汝父远去，身死不还，汝莫远去，当于近处，在市**坐肆**。"（0475c21）

分居：义为"各自过活"，动词，出现 1 次。例如：

（1）长者得病，临命终时，约敕儿子："慎莫**分居**。譬如一丝不能系象，多集诸丝，象不能绝。兄弟并立，亦如多丝。"（0470b21）

分处：义为"结婚"，动词，出现 1 次。例如：

（1）我在家时，以端政故，早蒙**分处**，早生男儿，儿遂长大，端政无比，转觉羸损，如似病者。0492c01

顿驾：义为"停车"，动词，出现 1 次。例如：

（1）时恶生王，将诸婇女，巡行游观，至于此林，**顿驾**憩息，即便睡眠。（0459a22）

躄地：义为"倒在地上"，《广韵·昔韵》："躄，躄倒。"动词，出现 1 次。例如：

（1）风吹此药，反堕己头上，即便闷绝，**躄地**欲死，医不能治。（0464c01）

少双：义为"独一无二"，形容词，出现 1 次。例如：

（1）难陀懊恼，便作念言："我妇端政人中**少双**，佛今何故，以我之妇，比此猕猴？"（0485c12）

无苦：义为"无妨；无关"，《广韵·姥韵》："苦，患也。"引申为"忧患"，动词，出现 2 次。例如：

（1）往走问佛，佛言："此是华报，但取**无苦**，后必生天，不足恐惧。"（0469c03）

（2）尊者答言："此王宿因所获福报，但用**无苦**。"（0491a14）

投造：义为"投奔"，动词，出现 1 次。例如：

（1）时枭答言："今以困苦，来见**投造**，一身孤单，竟何能为?"（0498c14）

采花：义为"折花"，动词，出现 1 次。例如：

（1）时彼山中有佛塔，贤常**采花**供养，即发愿言："我生人中，自识宿命，并拔此白象牙取。"（0454a06）

出力：义为"使出力量"，动词，出现 1 次。例如：

（1）夫妇二人，自共捣米，相劝励言："今日我等得自**出力**而造福业，后属他家，岂从意也?"（0468b13）

受性：义为"秉性"，也作"受生"，名词，出现 1 次。例如：

（1）此女少小仙人养育，**受性**端直，不解妇女妖蔓之事。（0452c18）

投老：义为"年老"，形容词，出现 1 次。例如：

（1）尔今供给，得为孝妇，我母**投老**，得尔之力。（0498b06）

并命：义为"一同死亡"，动词，出现 4 次。例如：

（1）王子思惟："三人**并命**，苦痛特剧，宁杀一人，存二人命。"（0448a08）

（2）诸商人言："我等何为不于宝所即自**并命**?"（0488b12）

（3）感惟此城，一日覆没，雨土成山，君民**并命**。先有何缘，同受此害?（0495c23）

受生：义为"投胎"，动词，出现 1 次。例如：

（1）梵言："不还者，谓不还欲界**受生**。"（0461a13）

受身：义为"脱离人身，投胎鬼畜等"，动词，出现 1 次。例如：

（1）舍身**受身**，得清净眼；未来成佛，得天眼佛眼，是名第一果报。（0479a14）

肆力：义为"出卖劳动力为生"，动词，出现 1 次。例如：

（1）昔有一人，居家贫穷，为人**肆力**，得粆六升，赍持归家，养育妻息。（0466c26）

分死：义为"冒死"，动词，出现 1 次。例如：

（1）今以六日，明日便满，以是之故，**分死**诤日。（0468b13）

交戏：义为"开玩笑"，动词，出现 1 次。例如：

（1）尸婆具沙夫人，先有天冠，重着宝主国所献天冠，王因**交戏**脱尸婆具沙夫人所著一重天冠，着金鬘夫人头上。（0490b28）

供事：义为"服侍"，动词，出现 1 次。例如：

（1）时诸释等，将耶输陀罗还归宫中，倍加恭敬赞叹，为索乳母，**供事**其子，犹如生时，等无有异。（0497a17）

随时：义为"任何时候"，副词，出现 1 次。例如：

（1）大臣孝顺，心所不忍，乃深掘地，作一密屋，置父着中，**随时**孝养。（0449b03）

14.2.2.5 动补式

长成：义为"长大成人"，动词，出现 1 次。例如：

（1）日月满足，来至仙人所，生一女子，端正殊妙，唯脚似鹿，梵志取之，养育**长成**。（0452b26）

降化：义为"降伏"，《玉篇·阜部》："降，伏也。"动词，出现 2 次。例如：

（1）时诸比丘，闻佛**降化**如是恶人，各作此言："世尊出世，甚奇甚特！"（0485a23）

（2）尔时如来**降化**外道邪见六师，及其眷属，悉使破尽。（0488b01）

化作：义为"变成"，动词，出现 10 次。例如：

（1）见此小儿作希有事，即**化作**饿狼，来从索肉。（0448a20）

（2）天神又复**化作**一人，手脚杻械，项复着锁，身中火出，举体燋烂。（0449c12）

（3）时毗摩天，**化作其弟**，至其兄边。（0491c20）

核实：义为"对照检查"，动词，出现1次。例如：

（1）我昔曾闻，有如是比外诈清净内怀奸恶，尔勿忧恼，听我**核实**。（0498a22）

归伏：义为"投靠；依附"，动词，出现2次。例如：

（1）尽其神力，不能得动，惭愧**归伏**。（0481c07）

（2）于是王用大臣之言，军威所拟，靡不摧伏，四海之内，三方已定，唯有东方，未来**归伏**，即便严军，欲往讨罚。（0484b16）

14.2.2.6　附加式

晃然：义为"明亮的样子"，《广韵·荡韵》："晃，明也；辉，光也。"刘熙《释名·释天》："光，晃也。晃，晃然也。"形容词，出现1次。例如：

（1）面若开敷华，金色**晃然**照，以何业行得？愿为我说之。（471b29）

欻然：义为"忽然"，副词，出现1次。例如：

（1）即以芥末涂身，在上洗浴，芥末辛气，入估客鼻，虽欲自持，不能禁制，即便大嚏，**欻然**而起。（0480b02）

湛然：义为"充满的样子"，形容词，出现1次。例如：

（1）即遣使人，赍一瓶酥，**湛然**盈满，王意以为我智满足，谁复有能加益于我？（0492c24）

比尔：义为"立即"，副词，出现1次。例如：

（1）大达语言："汝莫瞋恚！**比尔**还去。"（0461c07）

猫子：义为"猫"，名词，出现2次。例如：

（1）时聚落中，有一**猫子**，闻彼有鸡，便往趣之。（0465a15）

（2）**猫子**黄眼愚小物，触事怀害欲啖食，不见有畜如此妇，而得寿命安隐者。（0465a18）

师子：义为"狮子"，名词，出现8次。例如：

（1）时有白象共师子为伴，**师子**跳往坏蟒蛇脑，令诸商人得脱大难。（0478b14）

（2）欲知尔时**师子**者，我身是也。尔时白象者，舍利弗是也。尔时商主，憍陈如、帝释、频婆莎罗王是。（0478b25）

（3）舍身受身，常得尊贵七宝床座；未来成佛，得**师子**法座，是名第六果报。（0479a14）

蚁子：义为"蚂蚁"，名词，出现2次。例如：

（1）沙弥救**蚁子**水灾得长命报缘（0466c18）

（2）沙弥辞师，即便归去，于其道中，见众**蚁子**，随水漂流，命将欲绝，生慈悲心，自脱袈裟，盛土堰水，而取**蚁子**，置高燥处，遂悉得活。（0468c26）

第十五章

汉译佛经词语研究的若干理论问题

佛教源于古印度,大约公元一世纪,通过西域传入我国,经过与中国传统文化的碰撞、交融,分化为汉地佛教、藏传佛教和云南上座部佛教,形成了富有民族特色的中国佛教文化。佛教文化词语也随着佛教的中国化渐渐融入汉民族人民的日常生活中,成为中国文化不可缺少的一个有机组成部分。

第一节 汉译佛经与汉语研究

随着佛教传入中国,汉译佛经由此产生,汉译佛经对汉语的影响也拉开了序幕。学界研究汉译佛经语言是比较晚近的事情,相比佛教传播要晚很多。20世纪40年代,吕叔湘先生在其语法论文《说汉语第三身代词》(英文)《论毋与勿》《论底、地之辨及底字的由来》中已经开始利用《百喻经》《集经》等汉译佛经的语例。周一良先生的《论佛典翻译文学》充分肯定了佛经语言对汉语史研究的重要价值。蒋礼鸿先生的《敦煌变文字义通释》中的一些条目也征引了佛经语料作为例证。王力先生的《汉语史稿》也注意到了汉译佛经材料,就佛教借词和译词作了概述性介绍。不过,这一时期的汉译佛经研究还没有成为汉语史研究的一部分,研究成果和研究学者都比较少。

20 世纪 80 年代以后，汉译佛经的语言价值越来越受到学界重视。有些学者在中古汉语词汇研究中开始注意佛经语料，作为中土文献研究的重要补充。江蓝生先生(1988)《魏晋南北朝小说词语汇释》引用佛经书证 69 条；蔡镜浩先生(1990)《魏晋南北朝词语例释》引用佛经书证 425 条；王云路、方一新先生(1992)《中古汉语语词例释》引用佛经书证 972 条。这个时期的中古、近代汉语研究中，汉译佛经语料越来越得到学者关注。据统计，自 1980 年至 2015 年，关于佛教文献语言研究的论文达到 1376 篇，涉及语音、词汇、语法等诸多方面。①

综观近 40 年汉译佛经的词汇研究，我们看到，研究视角、研究深度都在不断拓展。从研究内容看，略有如下数端。

15.1.1　佛经词语考释

此类论文数量最多。例如：胡竹安：《〈法显传〉词语札记》(《语文研究》1986 年第 4 期)，张联荣《汉魏六朝佛经释词》(《北京大学学报》1985 年第 1 期)，梁晓虹《佛经词语札记》(《南京师范大学学报》1984 年第 2 期)、《〈六度集经〉词语札记》(《古汉语研究》1990 年第 3 期)，太田辰夫、江蓝生《〈生经·舅甥经〉词语札记》(《语言研究》1989 年第 1 期)，蔡镜浩《魏晋南北朝翻译佛经中的几个俗语词》(《中国语文》1989 年第 1 期)，方一新《汉魏六朝翻译佛经释词》(《语言研究》1992 年第 2 期)、《东汉六朝佛经词语札记》(《语言研究》2000 年第 2 期)，汪维辉《先唐佛经词语札记六则》(《中国语文》1997 年第 2 期)，吴金华《佛经译文中的汉魏六朝语词零拾》(《语言研究集刊》第 2 期，江苏教育出版社，1988 年)，颜洽茂《魏晋南北朝佛经释词》(《杭州大学学报》1990 年第 1 期)，何亚南《汉译佛经与后汉词语例释》(《古汉语研究》1998 年第 1 期)、《汉译佛

---

① 《佛教文献语言研究论著目录》(1980－2000)，汉语史研究集刊第 4 辑，第 43－55 页，成都：巴蜀书社，2001 年。2000－2017 年论文数据摘自中国知网(CNKI)。

典与传统文献词语通释二则》(《古汉语研究》2000 年第 4 期),等等。

　　李维琦出版了 2 部考释佛经词语的著作《佛经释词》和《佛经续释词》,这 2 部著作对汉译佛经中近 400 余条词语进行了考辨,挖掘了一批新词新义,对部分词条的前人之说有所补正。考释方法上注重贯通古今,多角度论证,结论大多可靠。此外,朱庆之《佛典与中古汉语词汇研究》、颜洽茂《佛教语言阐释——中古佛经词汇研究》等著作也考释了部分佛经词语。

15.1.2　佛经常用词研究

　　一般说来,汉译佛经词汇与同期中土文献相比,口语词和俗语词较多,双音词比例较大。因此,一些学者对其中口语词汇和俗语词汇作了比较深入的研究。例如:朱庆之《佛经翻译与中古汉语词汇二题》(《中国语文》1990 年第 2 期)、《试论佛典翻译对中古汉语词汇发展的若干影响》(《中国语文》1992 年第 4 期),徐时仪《古代口语与佛经中的口语成分考察》(《宜春师专学报》1991 年第 4 期),梁晓虹《汉魏六朝译经对汉语词汇双音化的影响》(《南京师大学报》1991 年第 2 期)、《口语词研究的宝贵材料》(《福建师大学报》1990 年第 3 期),汪维辉《东汉—隋常用词演变研究》(南京大学出版社,2000 年),王云路《试论外族文化对中古汉语词汇的影响》(《语言研究》2004 年第 1 期)等论著即属此类。

15.1.3　汉译佛经年代和译者考察

　　此类论文数量不多。例如:曹广顺、遇笑容《也从语言上看〈六度集经〉与〈旧杂譬喻经〉的译者问题》(《古汉语研究》1998 年第 2 期)、《从语言的角度看某些早期译经的翻译年代问题——以〈旧杂譬喻经〉为例》(《汉语史研究集刊》第 3 辑,巴蜀书社,2000 年),方一新《翻译佛经语料年代的语言学考察——以〈大方便佛报恩经〉为例》(《古汉语研究》2003 年第 3 期)、《〈分别功德论〉翻译年代初探》(《浙江大学学报》2003 年第

5 期）和《〈兴起行经〉翻译年代初探》（《中国语言学报》第 11 期,商务印书馆 2003 年）,史光辉博士论文《东汉佛经词汇研究》（浙江大学,2001年）和季琴博士论文《三国支谦译经词汇研究》（浙江大学 2004 年）的相关章节,等等。

此外,汉译佛经词汇研究还涉及同经异译、佛经词语构造、佛经词语词义研究、佛经词汇与辞书编写、佛经词汇研究的汉语史价值等方面。可以说,自 20 世纪 80 年代以来,汉译佛经词汇研究已经取得较为丰硕的成果。然而,从汉语史角度审视以上成果,仍能发现存在如下问题:

第一,用力不均。汉译佛经词语考释,学者用力最勤,成果也较多;佛经词汇对汉语的影响,人们也比较关注。但是,汉译佛经词语对汉语常用词演变的影响、汉译佛经与中土文献比较研究则较为薄弱。

第二,缺乏微观研究。按照汉语史分期,东汉魏晋南北朝为中古汉语时期。但是,目前的汉译佛经研究,主要集中在东汉时期,其他时期的专书词汇研究不多。如果缺乏佛经专书词汇研究,总体把握佛经语言根本无从谈起。

第三,比较研究不够。已有成果中,佛经词语与同期中土文献的比较研究很少,只有寥寥数人。没有比较,就难以看到中古汉语词汇的特点。因此,加大佛经语料与中土文献结合的步伐,是今后研究的一个方向。

第二节　佛经词语的汉译方法

汉语发展史上,大规模吸收外来词语有三个时期。第一次是战国秦汉时期,匈奴、西域来源的"葡萄""石榴""狮子"等名词进入了汉语;第二次是魏晋隋唐时期,梵语来源的"烦恼""刹那""缘起"等佛教词语进入汉语;第三次是明清时期,西方语源的"科学""民主"等科学术语进入汉语。其中,佛教词语对汉语语音、词汇、文体及修辞产生的影响最大。

毫不夸张地说,不懂佛教词语就不懂汉魏以来的中国文化。

　　20 世纪 80 年代以来,随着我国宗教信仰自由政策的落实,学界对佛教词语的关注日益增多,刊发了一系列佛教语言研究论著。1993 年,中国佛教文化研究所出版《俗语佛源》一书,其中收录的 500 余个佛教俗语词,大多数已经很难看出它们的佛教渊源。1994 年,《杭州大学学报(哲学社会科学版)》发表梁晓虹先生的《论佛教词语对汉语词汇宝库的扩充》,该文指出,历代注疏作品,很多方面受到佛教词语的深刻影响,行文中佛教词语频现。2007 年,《浙江万里学院学报》发表张诒三的《论佛源外来词世俗化的过程》,该文明确提出了"汉化"概念,还进一步讨论了佛源词语借入汉语,逐步融入汉语的过程。此类论著还有:周裕锴《中国佛教阐释学研:佛经的汉译》(2002)、冯天瑜《汉译佛教词语的确立》(2003)等。佛教词语汉化,不仅大大扩充了汉语词汇数量,而且丰富了汉语词汇的构造方式,加速了汉语词汇双音化的进程。

　　佛教词语的汉化方式主要有三类。

15. 2. 1　音译

　　佛教词语进入汉语,往往首选音译的方法。音译法汉化佛教词语,始于东汉末年。当时,译经者多是天竺或西域僧人,他们通习夏言,却不懂汉文,因此需要中土僧人协助。译经过程中,梵僧或胡僧口译,中土僧人笔录。翻译以直译为主,抛弃汉字固有意义,仅取其音。唐释慧琳《一切经音义》中,音译词频出即可为证。1984 年,刘正埮、高名凯、麦永乾、史有为编著出版的《汉语外来词词典》收录外来词语 10000 余条,佛教音译词占到十分之一,共 1050 条。

　　佛教词语音译,主要分为全译和节译两类。佛教词语汉化初期,以全译为主。例如 Brahman,义为"清净、寂静",音译为"婆罗门";Amita,义为"无量",音译为"阿弥陀";Bodhi,义为"觉悟",音译为"菩提",等等。由于梵语是多音节语言,一个梵语单词音译成汉语,往往需要若干个汉字来记录,诵读书写很不方便。后来,经济原则占了上风,人们追求交际的简约化,逐渐采取节译的方法翻译多音节佛教词语。例如 raksas,义为"食人肉的恶鬼",最初音译为"罗刹婆""罗叉婆气""罗乞察婆""阿落刹婆"等,最后节译为"罗刹",由此为基础,又造出"罗刹日",义为"凶日";又造出"罗刹心",义为"对好人好事百般挑剔和指责";又造出"罗刹政",义为"苛政";又如 arhat,音译为"阿罗汉",义为"修持小乘佛教的人获得的最高果位",最后节译为"罗汉";又如 kalpa,音译为"劫波",义为"一段极为长久的时间",节译为"劫",等等。

　　音译佛教词语只记字音不管字义,因此选用汉字记音时,字形不太固定,一个词往往有很多不同书写形式。例如 Asura,音译时可写作"阿修罗""阿须罗""阿须伦""阿苏罗""阿素罗"等,之所以书写形式如此多样,本质上与译者的梵语水平、译经的时间以及汉语古今音和方言的差别等因素有关。不过,在佛经传播过程中,译经者和佛教徒常常会选择其中一个书写形式作为规范写法。有时候,出于趋吉避凶心理,他们尽量避免消极和误导听者或读者的字眼,有意选用一些记音汉字。例如 mara,音译为"魔罗",节译为"魔",最初选用"磨"字来记录,后来考虑到"魔"字在表示"杀者""夺命""障碍"等义项上,比"磨"字更为恰当,所以就改用"魔",亦写作"恶魔",用来表示"一切扰乱身心、障碍修行的事物"。

15.2.2　意译

　　佛教名物繁杂,词语丰富。从两汉到宋代,1000 余年的译经过程中,译者为了准确表述梵语原词的概念,不断改进汉译佛经方法。因此,意译方法逐渐取代了音译方法,大量佛教意译词进入汉语,成为日常交际词语。意译,即彻底扬弃佛教词语的固有读音,使用汉字依照汉语构词方法构造新词,表达佛教词语的意义。这些意译词语,如果不经过专门学习,人们很难看出汉译佛经词语的外来渊源。例如 sūtra,音译为"修多罗",意译为"经";再如 dānapati,音译为"檀""檀那""陀那钵底""陀那婆",意译为"施主",音译词和意译词之间看不出任何直接联系;再如virya,意译为"精进",义为"坚持修炼,永不懈怠",梵音和意译词同样没有直接的联系。清代学者编撰刊刻的汉语第一部外来语辞典《乐雅》,广泛收录了历代音译佛教词语,涉及菩萨名、罗汉名、国王名、长者名、佛教礼仪、佛教典籍、地狱恶鬼、佛教建筑等词语,已经成为研究汉译佛经词语比较重要的参考书之一。

魏晋南北朝时,意译成为汉译佛经词语的常用方法,主要包括两种方式:一种是"对译",即直接采用汉语字词意义对译佛教词语表达的概念。例如manj,意译为"宝",义为"宝贵的事物",特指佛、法、僧三宝,禅宗比喻佛性、清净心;再如parideva,意译为"悲",义为"怜悯他人痛苦而欲救济之心"。

另一种是采用汉语字词形体,但引申了汉语字词的意义,赋予它们新的佛教意义。例如"解脱",汉语本义为"开脱、免除",汉译佛经中,引申为"解除烦恼业障束缚,致之自由之境"义,进一步引申为"免除生死、业报、轮回束缚达到涅槃之境"义;再如"觉",汉语本义为"醒悟;明白",汉译佛经中,引申为"觉察恶事"和"开悟真理"两种意义。

15.2.3　音意兼译

隋唐时期,大乘佛教义理已经进入中土,逐渐被中国文化消化、吸收,成为中国佛教的营养要素。这个时期,音意兼译成为佛经词语的主要翻译方法,并形成了一批具有中国特色的佛教词汇。例如ksama,音意兼译为"忏悔",其中"忏"是音译,"悔"是汉语语素,二者组合构成"忏悔",义为"佛教僧徒每半月集合举行诵戒,让违犯戒律的人陈说自己的过错、违反戒规,并表示悔改的情况",后来,词义扩大为"自陈己过、悔罪祈福的仪式";又如am,音意兼译为"暗",汉语本义为"光线不强,看不清楚",汉译佛经表示两个含义:一是"宇宙中潜存的绝对真理,与'明'相对";一是"比喻烦恼"。

第三节　汉译佛经词语对汉语的影响

随着佛教的传播,汉译佛教词语逐渐流传开来,对汉语语音、词汇和语法系统都产生了深刻的影响。

15. 3. 1　对汉语语音的影响

汉译佛典或者译自梵语,或者译自中亚语文,这些语言都是拼音文字,与汉语的表意特性有本质区别。因此,随着汉译佛经的深入,梵语语音特点给汉人很大的启发。利用这些知识,译经者逐渐总结汉语语音规律,大大推进了汉语语音科学的发展,促进了音韵学的巨大进步。

首先,发现了切韵方法。佛教传入中土之前,中国古人对音素概念并不清楚,更不能分解,记音采取的是直音法,佛教传入带来了拼音文字的知识,受此启发,古人开始对汉字字音进行分析,并分解出了声母与韵母,发展出了反切。

其次,总结了四声规律。先民很早就注意到声韵和谐问题,《诗经》利用声韵造成押韵可以为证。但是,古人不知道其中规律。佛教传入后,古人发现了汉语的四声,直接推动了汉语诗歌平仄相应的格律和顿挫的美感,激发了人们对声律实践的探索和革新,使古典诗歌在完善艺术形式美的进程中,大大向前迈进了一步,成为格律诗声律理论的前导。

其三,保存了部分汉字古音。由于译经者对佛祖的无限敬意,某些汉字古音得以保存下来,形成佛经的专门读法,这是因为,对于佛门咒语的翻译,译经者一直遵守音译原则,以直音法标记。历代佛教徒又口口相传,形成古音读咒语的情况。但是,因为时代不同,译经者方言各异,而音译用字缺乏规范,各家用字有别。直到今天,佛经音译用字也没有形成统一标准,造成佛经用字的情况非常复杂,还出现了一咒两读的现象。

15.3.2　对汉语词汇的影响

在 2000 多年的传播过程中，佛教作为一种异域文化，与汉语不断冲撞、改造、适应、融合，终于渗透到汉族社会的各个方面，与中国传统文化互相影响、互相吸收，最终发展成为中国传统文化的重要组成部分，对中国古代哲学、历史、语言、文学都产生了深远的影响。佛教文化对汉语的影响，词汇方面尤其明显。

首先，丰富了汉语的基本词汇。汉译佛经的结果，使得与佛教相关的词语大量涌现，并进入汉语的日常交际，例如"因果""报应""圆满""结果""水中月""烧高香""门外汉"等。现代汉语最常用的时间词，均是佛源词语。例如"过去""现在""未来"等，本是佛教表示因果轮回、个体存在的时间名称。事物终灭为"过去"，事物正起作用为"现在"，果报未来者为"未来"，因为有时间上的联系，所以引申为时间概念，进而成为汉语常用的时间词。还有"刹那""一瞬""弹指""须臾"等词，均为佛经词语。其中，"刹那"意译为"念"，"一弹指"有六十"刹那"，"一念"有九十"刹那"，均是佛教的时间长度单位，比喻不能表达的短暂时间。传入汉语后，具体长度逐渐淡化，仅用来说明短暂时间。

其次，发展为汉语的根词。有些多音节汉译佛教词语进入汉语后，音节简化，最后成为构词能力很强的根词。例如"魔""塔""僧""佛""和尚"等。《佛学大辞典》中，音译和节译的双音节词，能构造新词的数量有30 余个。例如"舍利""罗汉""阎罗""菩萨""夜叉""沙门""弥陀""瑜伽""菩提""弥勒"等；意译的佛教词语，不少名相术语也成为构词能力很强的根词。例如"法""善""空""定""色""身""名""相""性""义""识""道""业""律""理""欲""贪""智""慧""行""戒""见""信""爱""觉""观""灭""受""有""无""非""净""苦""圣""悲""慈""斋""因""缘""持"等，在佛经和汉语里构成了系列词语，诸如"色相""色界""名字""名言""相好"等。

15.3.3 对汉语语法的影响

汉译佛经词语对汉语语法的影响主要发生在词法方面。上古汉语单音节占优势,而梵语是多音节语言,转译过程中,尤其音译词语时,往往是用多个汉字表示一个梵语词语。随着汉译佛经词语在佛教徒中的不断流传,汉语的单音节词渐被多音节的汉译佛经词语取代。这种词语替换的结果,一方面使这些多音节词语的构词能力大大加强,直接或间接推动了汉语四字格的迅猛发展,例如"七手八脚""大千世界""三生有幸""口吐莲花"等;另一方面促进了汉语构词法的不断完善,例如动宾式的"开荤""开素""开悟",偏正式的"木鱼""长斋""火葬",联合式的"见闻""公案""平等",主谓式的"自觉""狮子吼""痴人说梦",重叠式的"念念""爹爹""草草匆匆""长长短短",等等。

此外,古代汉语句子常常用到"之""乎""者""也""矣""焉""哉"等助词,有时候,离了它们,甚至难以成文。而汉译佛经中,这些助词几乎不用,完全为其他词语替代,例如"把""将""着""了""便""就"等,逐渐虚化为新的助词,成为汉语新的语法成分。同时,受到梵语语法的影响,汉语还出现了大量的倒装句和疑问句,句法出现较为明显的变化。例如"如是我闻",解作"我是这样听佛祖说的"。

参考文献

专著

[1]蔡镜浩《魏晋南北朝词语例释》,南京:江苏古籍出版社,1990。

[2]陈秀兰《魏晋南北朝文与汉文佛典语言比较研究》,北京:中华书局,2008。

[3]陈引驰《〈杂宝藏经〉注译》,广州:花城出版社,1998。

[4]程湘清《魏晋南北朝汉语研究》,济南:山东教育出版社,1992。

[5]董琨《汉魏六朝佛经所见若干新兴语法成分》,研究生论文选集·语言文字分册(一),南京:江苏古籍出版社,1985。

[6]董志翘《中古文献语言论集》,成都:巴蜀书社,2000。

[7]江蓝生《魏晋南北朝小说词语汇释》,北京:语文出版社,1988。

[8]梁丽玲《〈杂宝藏经〉及其故事研究》,台北:法鼓文化事业股份有限公司,1998。

[9]刘世儒《魏晋南北朝量词研究》,北京:中华书局,1965。

[10]汤用彤《汉魏两晋南北朝佛教史》,北京:北京大学出版社,1997。

[11]王力《汉语史稿》,北京:中华书局,2002。

[12]汪维辉《东汉-隋常用词演变研究》,南京:南京大学出版社,2000。

[13]王云路、方一新《中古汉语研究》,北京:商务印书馆,2000。

[14]向熹《简明汉语史》,北京:高等教育出版社,1993。

[15]徐时仪《古白话词汇研究论稿》,上海:上海教育出版社,2000。

[16]颜洽茂《佛教语言阐释——中古佛经词汇研究》,杭州:杭州大学出版社,1997。

[17]张相《诗词曲语辞汇释》,北京:中华书局,1977。

[18]中国佛教文化研究所编《俗语佛缘》,上海:上海人民出版社,1993。

[19]朱庆之《佛典与中古汉语词汇研究》,台北:文津出版社,1992。

[20](日)镰田茂雄《简明中国佛教史》(郑彭年译),上海:上海译文出版社,1986。

[21](日)太田辰夫《中国语历史文法》(蒋绍愚、徐昌华译),北京:北京大学出版社,1987。

[22](日)志村良志(江蓝生、白维国译)《中国中世语法史研究》,北京:中华书局,1995。

[23](日)高楠顺次郎等辑《大正新修大藏经》,大正一切经刊行会,1924－1934。

论文

[1]曹广顺《中古译经与中古汉语语法史研究》,第一届汉文佛典语言学国际学术研讨会论文,台北,2002。

[2]蔡镜浩《魏晋南北朝词语抬零》,苏州大学学报,1988年第3期。

[3]陈文杰《佛典词语札记》,古籍整理研究学刊,2001年第3期。

[4]方一新《汉魏六朝词语散札》,阜阳师范学院学报,2005年第3期。

[5]方一新《东汉六朝佛经词语札记》,语言研究,2000年第2期。

[6]何亮《中古汉语约量时段的表达》,汉语史学报(第6辑),上海教育出版社,2006。

[7]梁晓虹《汉魏六朝译经对汉语词汇双音化的影响》,南京师范大学学报,1991年第2期。

[8]钱群英《魏晋南北朝佛经词语考释》,浙江大学学报,1999年第6期。

[9]沈琳琳《〈杂宝藏经〉"云何"研究》,重庆工学院学报,2006年第4期。

[10]汪维辉《汉魏六朝词语杂释》,语言研究,1990年第2期。

[11]王云路《中古汉语词汇研究综述》,古汉语研究,2003年第2期。

[12]夏广兴《〈杂宝藏经〉词语随札》,苏州铁道师范学院学报,2002年第2期。

[13]颜洽茂《魏晋南北朝佛经词释》,杭州大学学报,1996年第1期。

[14]杨继光《汉译中古佛经词语例释》,大庆师范学院学报,2009年第4期。

[15]遇笑容《梵汉对勘与中古译经语法研究》,汉语史学报(第6辑),上海教育出版社,2006。

[16]遇笑容《理论与事实:语言接触视角下的中古译经语法研究》,汉语史学报(第7辑),上海教育出版社,2008。

[17]张联荣《汉魏六朝佛经释词》,北京大学学报,1988年第5期。

学位论文

[1]张明媚《〈杂宝藏经〉副词研究》,陕西师范大学硕士学位论文,2008。

[2]康振栋《〈杂宝藏经〉新词考》,华南师范大学硕士学位论文,2002。

[3]冯娜娜《〈杂宝藏经〉新词新义研究》,南京师范大学硕士学位论文,2011。

[4]姜雪《〈杂宝藏经〉的助动词研究》,辽宁师范大学硕士学位论文,2012。

[5]刘政学《〈杂宝藏经〉的双音节动词研究》,辽宁师范大学硕士学位论文,2012。